管教：
决定孩子一辈子的事

成墨初 ◎ 著

贵州出版集团
贵州人民出版社

图书在版编目（ＣＩＰ）数据

管教：决定孩子一辈子的事 / 成墨初著 . —贵阳：贵州人民
出版社，2013.3（2017.7 重印）

ISBN 978-7-221-10771-8

Ⅰ . ①管… Ⅱ . ①成… Ⅲ . ①家庭教育 Ⅳ . ① G78

中国版本图书馆 CIP 数据核字（2013）第 007001 号

管教 ：决定孩子一辈子的事
Guanjiao ：Jueding Haizi Yibeizi De Shi

作者　成墨初

责任编辑　张静芳

贵州人民出版社出版发行

贵阳市中华北路 289 号　邮编　550004

发行热线：010-59623775　010-59623767

三河市明华印务有限公司

2017 年 7 月第 1 版第 2 次印刷

开本　710mm×1020mm　1/16

字数　238 千字　印张　16

ISBN 978-7-221-10771-8

定价　28.00 元

序 言

教孩子是一门艺术

我一直觉得,养育孩子如同生产某种产品。而且,孩子是高度精密的"产品",这对培育这种"产品"的人——父母——的素质和技能就应要求更高、更严格。

可现实情况是:各行各业都有不同形式的培训、考试,取得合格证才可以上岗,唯独做父母,从不需要上岗证。

父母没有取得合格证、没有上岗证就做了父母,直接受到伤害的就是孩子,这对于孩子是多么不公平。

很多父母不是不爱孩子,只是因为对儿童心理知识、儿童教育知识的无知,才会无意中深深地伤害孩子。这常常让我对孩子、对家庭教育、对祖国的未来有一种深深的担忧。

经常在网上、电视上、报纸上看到父母伤害孩子的事例。因为孩子学习差,因为孩子不听话,因为孩子没有达到父母的期望,所以父母就对孩子实施非常严厉的惩罚,甚至予以缺乏人性的身心摧残。

就在前两天,我还从邻居那里听到这样一个真实的事例:

邻居的一个朋友有一个读小学的儿子,因为儿子放学后没有按时回家,且没有按时完成作业,就遭到了妈妈的一顿毒打。

那个孩子被打得后背青一块紫一块，屁股上、大腿上是一道道被皮带打出来的血印，据说他好多天走路都疼痛难忍。

因为被打，男孩对妈妈充满了仇恨，发誓长大后绝不管他们（父母）的死活。

我不禁感慨：做父母的如果不合格，不仅伤害孩子的身心，伤害亲子关系和亲子感情，培养出来的孩子也容易成为"残次品"。

在我们小区，在我所住的这个单元里，有一对年龄只有二十二三岁的小夫妻，他们有一个已经六个月的儿子。

在我眼里，这对小夫妻自己本身还是孩子，两个人在心理上都非常不成熟。我想，有这样的父母，年幼的孩子肯定会遭殃。

这对小夫妻结婚前好得如同一个人，但结婚后就出现了很多问题，两个人经常吵闹不休，而且他们处理事情都非常孩子气。有一次，两个年轻人大吵了一架。这次吵架的结果是：年轻妈妈离家出走，撇下了还在吃奶的孩子，而年轻爸爸则气愤得摔锅砸碗。

在我看来，他们两个人的婚姻生活像是小孩子过家家，一有矛盾就吵吵闹闹，有时还将各自的父母请来，两个年轻人的矛盾常常会上升为两个家庭的矛盾。

因为两个年轻父母不成熟，他们的问题、孩子的问题常常就成了双方父母的事情。爷爷、奶奶和姥姥、姥爷不仅义不容辞地担起照顾孙子的重任，还总是作为家长处理年轻小夫妻之间的矛盾和问题，就像处理两个吵架的孩子之间的矛盾和问题一样。

然而，亲生父母才是孩子的第一监护人，才是孩子最重要的养育者和教育者，像这对夫妻这样，自己都不成熟，怎么会给孩子安全感和幸福感？怎么有能力养育好孩子？

所以，要养育好孩子，父母自己首先要尽快成熟起来，遇到问题不要以孩子气的、幼稚的方式去解决。

我有一位家长朋友，她的做法让我很是感慨。她是一名企业中层领导，工作非常忙碌，但她也是一位非常优秀的母亲，是家庭教育的积极探索者。

这个朋友有一个非常优秀的儿子，聪明、善良、爱好广泛、积极上进、学业成绩优秀、懂事、礼貌，是个人见人爱的孩子，也是很多同龄孩子学习的榜样。

在教育儿子的过程中，她常常问自己：做母亲，我是合格的吗？我怎么才能成为更优秀、更让孩子认可和欣赏的母亲？

每次儿子出现了什么问题，或做错了什么事情，或闯了什么祸、惹了什么麻烦，她不是马上责怪儿子，而是反思自己：我是哪里做得不好，才让儿子这样？

这样想清楚之后，她会设法向儿子检讨自己，请求儿子帮助自己改进做得不足的地方。

妈妈总这样谦虚地检讨、反思自己，做儿子的也学习妈妈，不断反思自己做得不足的地方，努力做得更好。

要成为一位优秀的母亲，我觉得，我们要向这位朋友学习，不断反思自己：做父母，我是合格的吗？

要成为好父母，我们就要先提高自己、充实自己、完善自己，努力学习一个合格、优秀父母需具备的基本素质和能力，争取拿到父母"上岗证"再对孩子进行教育。在教育孩子的过程中，我们仍要不断学习，不断提高教育孩子的技能和素质。这是对孩子的负责，也是对自己家庭的负责。

为了帮助更多的家长掌握正确的教育理念和方法，我特地创作了本书，将我认为最重要的 66 个家庭教育的关键点，写成了 66 条建议。衷心希望该书能够帮助家长解决教子中的难题。

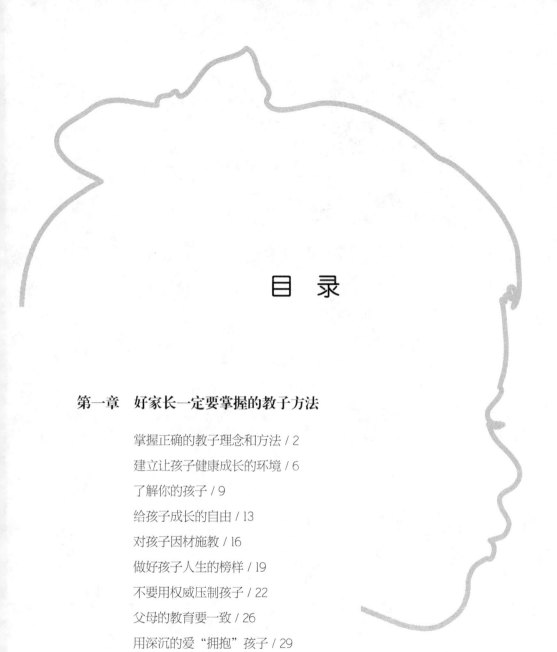

目　录

第三章　好的亲子关系胜过任何教育

第四章　爱孩子是一种修行

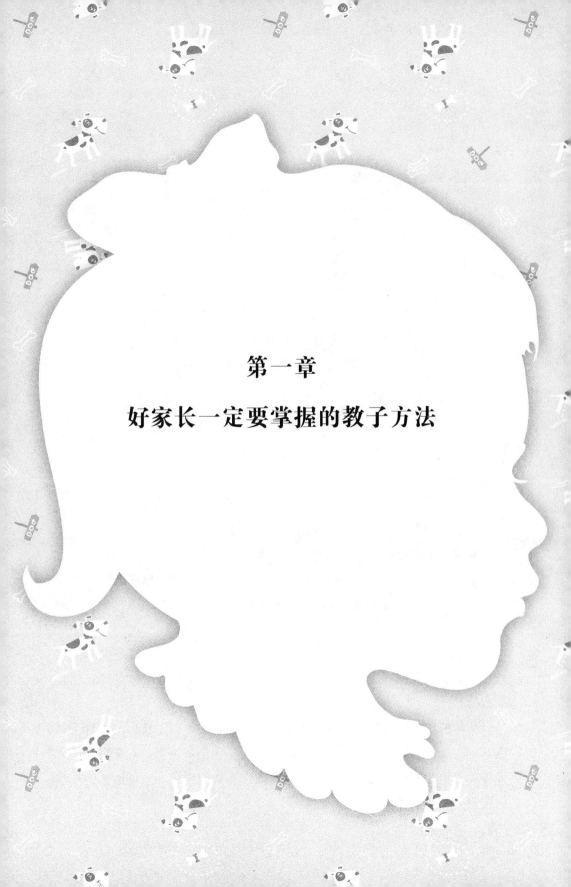

第一章

好家长一定要掌握的教子方法

掌握正确的教子理念和方法

观念决定态度，态度决定行为。你的教子理念和方法支配着你的教子行为。这是一个因果关系的链条。

记得看过这样一个故事：

有位农夫曾经得到一块玉，他想着把它雕琢成一件精品，可是他的工具只有手里的一把锄头。农夫就用那把锄头把玉分成很多小块，但是这些玉的形状在他的打磨下，却越来越像石头。

本来是想着将玉分割成几块会更有价值，但是却因为打磨的工具和方法不恰当，使本来价值很高的玉变得不再有价值，成了和石头一样的廉价品。

你也许会说，这个故事和教育孩子有什么关系？这虽然是则和家庭教育没有关系的故事，可是你细想一下，其中包含的道理和家庭教育是一致的。

从你的孩子出生那刻起，你手中就有了一块玉。孩子在你的教育下，逐渐褪去最初的模样，成为你的作品。最初，你会对孩子抱有某种期望，你看着手中的玉在你的教育下，逐渐变成你喜欢的样子，或是逐渐偏离你的期望……

孩子变成什么样子，与你所用的"工具"——理念和方法有直接关系。

我认识一位老师。他年年被评为优秀教师，所带的班级在学校也是数一数二的，但是对于他的孩子，他却教育得很失败。

一次，我带着自己的孩子桐桐在外面玩，遇见他和他的儿子建一。当时，他让建一和我们打招呼，可是，建一只顾着玩手里的风车，没有理会他。

这位老师觉得孩子不听话、不懂礼貌，他一把抢过建一手中的风车。可是，建一依旧没听话，反而恶狠狠地看着他爸爸和我们。这位老师更是生气，在建一的屁股上重重地打了一下，然后尴尬地冲我们笑了笑，还说自己对孩子的状况很无奈、很痛心。

这位老师不知道，对孩子的教育不是只有训斥和打骂，孩子那么小，还不知道什么是礼貌。而他正是在用"锄头"对孩子进行教育，使孩子与自己最初的愿望背道而驰。这是让他痛心的根源。

你对孩子有美好的期许，当孩子不按照你的意愿发展时，你会抱怨孩子是块"朽木"，殊不知，是因为你的"工具"不对，才使孩子这块"璞玉"成了"朽木"。

从另一个角度来说，如果你的孩子不是质地很好的玉，但是也可以在你的精心打磨下，变成光泽油润的"精品"。

我不得不提一下我身边的一个同事。

小时候，同事的妈妈经常出差到外地工作，爸爸在家里照顾他。初中的时候，他结识了不少不良少年。爸爸性格急躁，知道这件事情之后，唯一的教育方式就是"打"。可是，同事根本不听他爸爸的，还是我行我素。

在学校里，老师也拿他没办法，让他爸爸将其带回家。爸爸实在没办法了，打电话把同事的妈妈叫了回来。

同事以为妈妈回家后也会非打即骂。可是，妈妈和爸爸不一样。她看同事去网吧也不管不问，到吃饭的时间，就去网吧给他送饭；同事回家后，她也不批评他，而是让他好好休息。

这让同事很吃惊，同事的爸爸也很生气，对同事的妈妈说："我把你叫回家，不是让你来娇惯孩子的。"

可是，同事的妈妈还是一如既往地坚持着。

一个月后，她的行动终于见了成效：

同事乖乖地站在妈妈面前，说："妈妈，我输给你了。我要好好学习，不让你失望。"

后来的他，成了优秀的少年，连老师都不相信他的转变。

爸爸纳闷地对妈妈说："你这是用的什么办法啊？孩子怎么变了？"妈妈说："我在回来之前，专门去请教了教育咨询专家，这是他们教的'无为而治'。"爸爸恍然大悟。

这是比"打"更加有效的教子理念和方法。如果没有同事妈妈的教育，现在，我就不会和他共事了。

这让我想到了桐桐。妻子对桐桐的教育很严格，只要桐桐有做得不好的地方，妻子一般都是采用严厉训斥的方法。其实，她的教育方式完全是将她小时候所受父母的教育照搬到了桐桐身上。

"桐桐，我和你说多少遍了，自己的东西放回自己屋子。"她第一次警告桐桐，可是桐桐的眼睛一直盯着电视，不理睬妻子。

妻子看桐桐没反应，按捺不住心里的火，过来就打桐桐。桐桐哭着说："你就知道打，除了打我，你还会什么？！"妻子听了这话，放下了抬起的手。

对于这件事情，我和妻子进行了一次交谈："你之前不是还和我说，自己的童年很痛苦，大人就知道打你。现在，你不也是在用同样的方式对待自己的孩子吗？现在社会变了，你那种老教育思想不适用了。"

妻子觉得我的话有道理，说会注意对桐桐的教育方式的。

成老师心语

"没有教不好的孩子，只有不会教的父母"，一语道破身为父母的你在家庭教育中的重要性。掌握了正确的教子理念，也就把握了教育孩子的正确方向，为孩子的发展提供了前提和保证。

观念决定态度，态度决定行为。你的教子理念和方法支配着你的教子行为。这是一个因果关系的链条。

建立让孩子健康成长的环境

家庭是孩子成长的第一环境，它是孩子的心灵港湾，环境的好坏对孩子的成长影响很大，你应该理性地改善家庭环境，极力创造适合孩子的小世界。

一次，我邀请桐桐的小伙伴来家里玩，并为他们准备了吃的和玩的。我知道他们这个年龄的孩子很喜欢玩积木，就特意多买了两盒积木。

为了激发孩子的想象力，我让他们搭建自己喜欢的图形，不一会儿的工夫，几个孩子都交出了自己的作品：妞妞搭的是城堡，莉莉摆出了一只小狗，我挨个夸孩子们搭得好。

可是，就在这时候，雪莉将积木排成了一条长长的龙，正当我想问问她这是在搭建什么的时候，她说了一句"和了"。在场的孩子一片茫然。我明白了她是在学父母打麻将。

后来，我拿出识字的画纸，刚指到"中"的时候，又是雪莉，她说："这个字是红中的'中'。"这不禁让我有些不知所措。

孩子所学到的道理和知识，不是单纯靠听来的，更重要的是在成长的环境中潜移默化得来的。对孩子的教育无处不在，如果不能给孩子提供一个有利于其成长的环境，孩子的成长就会减缓，甚至会停滞。

相反，给孩子一个宽松、益于成长的环境，孩子会从中汲取养料，茁壮成长。

　　教育无处不在，它隐藏在生活的每个小细节中，却对孩子起着举足轻重的作用。

　　我小时候有个同学，他的家庭条件很差，父母只有小学文化，靠做苦力挣钱供他读书。可是，他的爸爸妈妈有个很好的习惯，每天晚上回家后，不管多累，都会看会儿报纸，虽然那些都是旧报纸。

　　他们碰见自己不认识的字，都会向他"请教"。在爸爸妈妈的影响下，本来不爱学习的同学也受到感染，觉得读书、学习是件幸福的事情。

　　即使他考上大学，家里的学习氛围也还是很浓。虽然家庭条件很差，可是同学的爸爸妈妈省吃俭用为他买了很多课外资料。我们当时所在的环境有些封闭，能看上课外书，那就是很了不起的事情了。

　　知识浸润了同学的心。在多年后的今天，他已经成了文坛中不可多得的人才。这都得益于当时他良好的家庭环境。

　　在我家里，有个不成文的规定：吃饭后一个小时之内，每个人都要安静地做自己的事情，不能看电视、听音乐。我看书、妻子看报纸、桐桐画画，一般都是这样安排。

　　只要是吃过饭，我们就心照不宣地去做自己的事情。在这样的环境中，桐桐的性格变得安静多了。偶尔一天晚上不按规矩来，桐桐就会觉得不适应。我觉得是这种教育对桐桐起了重要作用。

　　雪莉家的状况与我家有明显差异。雪莉的爸爸喜欢打麻将，尤其是晚上，经常会和朋友打个通宵。

　　因为雪莉和我们住在同一个小区，还是在同一栋楼，所以有时候，雪莉晚上会来我家玩。有一天，她哭着就来敲我家的门了。

"成伯伯，我不想在我家待着了。"

"怎么了，雪莉？"我问她。

"我爸爸又在打麻将，我都没法睡觉。爸爸还要我下楼去给他们买吃的。我实在受不了了，就朝爸爸喊了一声说我不去，可能他心情也不好，就说让我滚。"雪莉已经泣不成声。

我抱起了这个可怜的孩子，让她在我家玩，一会儿我送她回家。

九点多，我送雪莉回家，刚走到门口，就听见了屋里传出的嘈杂声。推门而进的时候，里面烟雾缭绕。我找到了雪莉的爸爸妈妈，还好，雪莉的爸爸妈妈平时对我很尊敬，见我抱着雪莉，就立即放下手中的麻将，对打麻将的朋友说"散了"。

这时，雪莉的爸爸妈妈也觉得自己对孩子太不负责任了，向我表示了歉意和谢意。

我说："雪莉是个好孩子，你们应该好好培养她，别让孩子在这样的环境中成长。"

雪莉的爸爸妈妈点头表示同意。后来，我见到雪莉，问她现在家里还有人打麻将吗，她开心地说："没有了。"看得出，家里安静了，雪莉的性格和情绪也有了很大的变化。

成老师心语

家庭是孩子成长的第一环境，它是孩子的心灵港湾，环境的好坏对孩子的成长影响很大，你应该理性地改善家庭环境，极力创造适合孩子的小世界。

古语说："染于苍则苍，染于黄则黄……故染不可不慎也。"在家庭教育中，环境对于孩子的成长具有十分重要的作用。童年期的孩子易受环境的影响，你在给孩子良好的物质环境的同时，也要给孩子良好的人文环境。

了解你的孩子

不了解孩子，就会对他盲目教育，当然就收不到应有的效果，有可能还会得不偿失。了解了孩子，教育才会有的放矢，才能收到良好的效果。

小梅是我邻居的孩子，今年八岁，从小就十分懂事，成绩也很好，父母几乎没操什么心。

面对这样一个乖巧的孩子，小梅的父母十分自豪。

不过，随着小梅逐渐长大，妈妈对她的要求也越来越高，而且是逐级上升。

有一次，小梅考试进了班级前五名，她的妈妈就给她制订了一个"前三名"的目标，小梅很听话，说自己一定不辜负妈妈的希望，结果考试成绩真的达到了前三名。

接着，妈妈又要求女儿向第一名冲刺。小梅感觉自己与第一名相差很远，要超过很难，想对妈妈说出自己的心里话，但沉默了一会儿，最终没有吭声。

小梅的妈妈没看出孩子异样的神情，满心期望她下次成绩能拿第一。

可是到了期末考试，小梅的成绩还没有进前十名。

妈妈以为小梅贪玩了，就把她痛斥了一顿。

第一次被妈妈责怪的小梅，委屈的泪水在眼眶中打转。但她还想安慰妈妈，就小声地解释说："妈妈，我是压力太大才没考好，不是没有用心学习。"

小梅的妈妈听女儿哽咽着说出此话，再想想小梅平时用功学习的样子，知道自己冤枉了孩子，她心痛地一把抱住了女儿。

这时候，小梅的眼泪再也控制不住了，她哭着说："妈妈，我真的不想惹你生气，所以一直都很努力。因为担心考不好，有好几个晚上都睡不着觉，多次做梦都被没考第一吓醒。"

小梅的妈妈听着，眼泪悄无声息地流了下来。第一次，她听女儿说这样的话，也才知道自己原来是那么不了解孩子。

"乖女儿，妈妈太不称职了，以后我再也不会给你施加压力了。"

小梅的妈妈说完此话，搂着她失声痛哭。

孩子分很多类型：有的孩子比较乖巧，像小梅一样，一心为别人着想；有的孩子爱自责；有的孩子比较活泼；有的孩子比较腼腆，等等。你的孩子属于哪种类型，你必须要了解。

了解孩子的途径很多，你平时可以细心观察孩子的言行举止，多留心孩子的变化，抽空与孩子一起玩耍，等等。只有掌握了孩子的类型，了解了孩子的真实能力，你对孩子提出的要求才会更合理，才能最终达到教育的效果，否则，就有可能适得其反。

父母不仅要了解孩子属于哪种类型，还需要掌握孩子的成长规律。只有如此，你才不会因孩子不懂事而生气，进而去责怪孩子。

记得有一次，我和妻子带着桐桐到一个很久没有走动的朋友家去玩。桐桐一见生人，就躲在我的身后。妻子看见了，十分生气，硬把桐桐从我身后扯出来，让她叫我的朋友"叔叔"。

桐桐不仅没叫，还一个劲儿地向后缩，拽着我的衣服不撒手。妻子还要把桐桐往外拉，我急忙制止了她的强制行为。

说实话，那天在朋友家，我不为桐桐的怕人生气；相反，我对妻子强行拉桐桐叫"叔叔"的行为极其不满。

孩子五岁左右，不管在家如何活泼、爱说，到了一个陌生的环境，都会有些胆怯，这是正常现象。

当然，我并不是说让孩子一直胆小下去，我的意思是讲：五岁左右的孩子，有胆小行为很正常，你可以引导，或者多带孩子出去走动，以锻炼孩子的胆量，增强孩子的交际能力。如果一味采取强制的办法，只会让孩子更加恐惧，有可能还会使孩子出现别的心理问题。

前一段时间，我在一种教育刊物上，看到一个男孩给父母写的一封信，内容是这样的：

> 我今年十岁，读小学四年级，是一个生活在痛苦之中的男孩。除了周一到周五去学校上课，周末两天还要去学习钢琴、舞蹈、音乐等等。几乎所有的辅导班，妈妈都给我报了，我没有一点时间玩耍与休息。
>
> 我好累，天天就像上战场似的，每当看到别的孩子与同龄人一起无忧无虑地玩耍，我羡慕得要死！
>
> 疲惫的我感觉自己的生活暗无天日，而且遥遥无期，我无法摆脱。也曾想过向父母抗议，但每当听他们说是为了我的将来着想，我就不好意思去讲。
>
> 我不想再上任何辅导班了，同时开始厌恶正常的学习。
>
> 希望妈妈能够了解我，还给我一个愉快的童年，不要让我对生活失去希望。

男孩的这封信，喊出了很多与他类似的孩子的心声。

不了解孩子的生理心理特点，逼迫着孩子报各种兴趣班，不给孩子留一点空闲时间，让应该玩耍的孩子背负着巨大的负担。这样的做法不仅会让孩子失去快乐，有可能还会导致孩子厌学。

希望那些拔苗助长的父母们，能够多看一些有关孩子成长的书籍，多与教育专家进行交流，掌握了孩子的成长规律之后，给孩子多一些玩乐的时间，还孩子一个快乐的童年。

成老师心语

有一句话叫"知子莫若父"，你是否真的了解自己孩子的个性，知道他的成长规律，懂得孩子的心理，清楚他的兴趣、学习等等情况？

不了解孩子，就会对他盲目教育，当然就收不到应有的效果，有可能还会得不偿失；了解了孩子，教育才会有的放矢，才能收到良好的效果。

给孩子成长的自由

孩子小时候的吃穿，不强迫他一定遵照自己的安排；给孩子独立的空间与时间，需占用的时候，要经过孩子答应；对于孩子的未来，不要去做太多的干涉。

桐桐三岁左右的时候，不爱喝牛奶，妻子为了增加孩子的营养，对桐桐又哄又骗，每天早上都强迫桐桐把一杯牛奶喝下去。

有一次，我问桐桐最厌烦什么，她想都没想，张口就答："喝牛奶。"

我一愣，刚要张口说话，桐桐满眼期望地看着我说："爸爸，我以后能不喝牛奶吗？像吃药一样！"

这时候，我才意识到女儿抵触牛奶到了何种程度，甚至可以想象出桐桐喝牛奶时的痛苦表情。

"好，桐桐不想喝什么，以后我与你妈妈绝不再强迫！"我立即回答。

桐桐听后，高兴地舞着双手喊："太好了，我以后再也不用喝牛奶啦，我自由啦。"

听着"自由"两个字，我陷入了沉思。

桐桐从小到现在，我们给过她多少自由？

多少次，桐桐说热，我们因为觉得冷，硬往孩子身上套衣服；多少回，桐桐想往某地，我们却不让她前去；多少事，桐桐想参与，我们却一点都不理会……

我在心里暗暗发誓，以后不管桐桐要做什么，我都会认真思考，尽量满足孩子的要求，即便觉得不妥，也会跟孩子讲明白理由，还孩子更多的自由。

孩子随着年龄的增长，会变得越来越独立，想拥有自由的心理也会更加强烈。虽然孩子还小，很多事情需要你去引导，但这并不意味着你就有权利剥夺孩子的自由。

尊重孩子的意见，有事情多与孩子商量，还给孩子更多的自由，孩子才会拥有更多的快乐，而且有可能把事情做得更好。

我的朋友李哥，以前不给孩子一点玩耍的时间，总是看着儿子小东学习，而孩子的成绩却一直没有提高。

后来，在我的建议下，他改变了教育方式。他对孩子说："每天放学后，只要你先把当天的作业完成，再把学过的内容弄懂，剩下的时间你做什么由你决定。"

小东一听，高兴地跳起来说："爸爸，你怎么不早说？"

但是，李哥并没有给孩子真正的自由，每天还是检查孩子的作业，要对儿子进行测试，过关了才会放小东出去玩。否则，孩子还要继续学习。

这样过去了半学期，小东的成绩照旧。

我了解到情况之后，告诉李哥说："既然你给了孩子自由，就要做到真正放手，让他自己监督自己，这样才会有效果。"他半信半疑地按照我所说的去做了。

半年以后，小东不仅能主动学习了，而且学习效率很高；成绩进步了，人也变得开朗、活泼了许多。

父母给孩子一个独立的空间，多留给孩子一些自由支配的时间，孩子有可能会做得更好。

你可能也给了孩子独立的空间，给过孩子自由的时间，但你是否有过没敲门就走进孩子的房间，在孩子拥有的自由时间内有意无意地多次前去干扰的情况？我想，你可能做过类似的事情。

但我要说，你给孩子的独立空间与时间，不仅仅只流于形式，还要落到实处，要做到真正放手，还给孩子自由。

给孩子成长的自由，还要尊重孩子的选择，否则，一旦你帮孩子选择错了，他有可能会恨你一辈子。

我曾在一本刊物上看到这样一个真实事例。

在安徽，有一个成绩优秀的高三男孩，本来想报考安徽大学，他觉得自己的成绩也只能被这个学校录取。但是，他的爸爸却要求男孩第一志愿报中国人民大学，他觉得儿子有实力进这个学校。最终，男孩按爸爸的要求去做了，第一志愿报了中国人民大学，第二志愿填了安徽大学。结果考试成绩出来，男孩没有达到中国人民大学的录取分数线，虽然超过了安徽大学的录取分数线，但因为填得不是第一志愿，所以也没有被录取。

面对这个结果，男孩不得不重读一年。父亲为此十分懊悔，男孩却满腔愤恨，一年都没有搭理父亲。

成老师心语

对孩子，你可以引导，也可以提供建议，但你不能替孩子去做决定。不要因为你是孩子的父母，就要求他按照你的意愿去做，而应该做到：孩子小时候的吃穿，不强迫他一定遵照自己的安排；给孩子独立的空间与时间，需占用的时候，要经过孩子的答应；对于孩子的未来，不要去做太多的干涉。

对孩子因材施教

要想让孩子在社会中更具竞争力，你就要细心观察孩子，发现他的擅长之处，有针对性地培养。让孩子真正拥有一技之长，他在这个社会里才能长久地占有一席之地。

许多家长，看别家孩子某一方面出色，就会有让自己孩子学习此项的冲动，他们认为：别的孩子能做到的，自己的孩子也应该能做到，甚至会比别人更强。

但是，事实果真如此吗？好像不尽然。

我有一位叫陈明的朋友，一天他到同事家去玩，刚好同事的孩子正在弹钢琴，而且弹得十分纯熟。他听得如痴如醉，就问同事的孩子在哪里学的钢琴，同事说给孩子报了钢琴兴趣班，还兴致勃勃地讲孩子曾经在钢琴比赛中获过的奖项。

陈明回家后，就给女儿小莲报了钢琴兴趣班，还不惜花大价钱买了架好钢琴。

小莲没有这方面的天赋，明知道自己在这方面不会有什么收获，但看爸爸下这么大的本，也只好勉强去学钢琴。

本来小莲的成绩就是一般水平，平常的时间用来学习功课都不够，再加上现在又学习钢琴，所以她的成绩每况愈下。而钢琴方面，也因为小莲的音乐感太差，在钢琴兴趣班是最差的一名。

这个结果，让小莲受到了极大的打击，她不愿再去上钢琴兴趣班，并威胁父亲说："你再逼迫，我就把钢琴砸了。"

面对这样的结果，陈明懊悔地放了手。

看别的孩子某方面优秀，你也让孩子学习，如果孩子刚好对这方面感兴趣，或许能有一定的成绩。

若是你的孩子没有这方面的爱好，或者对它排斥，这样既浪费你的金钱与精力，还会使孩子丢掉许多宝贵的时间，更可怕的是，孩子没有任何进步，有可能还会因此变得自卑。

所以，当你看到别的孩子某方面出色的时候，你可以羡慕，但不要逼迫着孩子也去学习。

我曾接触过一位母亲，她的儿子天生迟钝，从小到大，不管如何努力，成绩总是最后十来名。

这在主要以学习成绩来衡量前途的社会，对母子来说都是一个沉重的打击。孩子变得越来越自卑，而母亲比孩子更加焦虑与痛苦，她担心孩子的未来。

只是，这位母亲没有气馁，她决定从别的方面培养孩子。

一次，看到挂在墙上的体育奖状，这位母亲眼睛一亮，决定从此下手。她知道儿子不仅耐力好，而且力量过人，每次学校举行的运动会，他总能在投掷方面拿第一，在长跑项目上也多次获得名次。

为了让孩子变得自信，她就在孩子面前经常提他在体育方面获得的成绩，同时，还抽空与孩子一起长跑，投掷重物。

不仅如此，母亲还特地找到学校的体育老师，聘请他在课外单独辅导自己的孩子。以后，每学期都是如此。

这样，孩子在体育老师系统的教导下，掌握了一些方法、技巧，各个体育项目的成绩都提高了很多。

最后，这个孩子被选送到一所体育学校，并多次在大型体育比赛中，取得良好的成绩，成了一个让许多父母羡慕的孩子。

每个孩子都有强项与弱势，哪怕他是个天生智障的孩子。只要你常留意，根据孩子的特长去培养，一样会使孩子取得骄人的成绩。

所以，要想让孩子在社会中更具竞争力，你就要细心观察孩子，发现他的擅长之处，有针对性地培养。让孩子真正拥有一技之长，这样他在这个社会里才能长久地占有一席之地。

我对因材施教也深有体会，桐桐很小的时候，听见音乐就会扭动身子，和着节拍跳舞。我发现了孩子的这个天赋之后，就把她送到了一个幼儿舞蹈班。

刚刚学习一个月，舞蹈老师就对我说："你家孩子节奏感太强了，每一个动作都把握得十分到位，将来在舞蹈方面肯定会有所建树。"

舞蹈班老师的话，可能有些夸张，但我觉得，孩子应该学得不会太差。现在桐桐五岁了，在舞蹈方面已经从小朋友中脱颖而出。

今后不管社会竞争多么激烈，我都不会像其他家长那样，眼热别人家的孩子，而会根据孩子的特长，让她去学习自己喜欢的事情。

成老师心语

面对这个竞争激烈的社会，几乎所有的父母都希望孩子能够多学一些知识，多掌握一种技能。

你有这样的想法没错，但不能盲目跟风，而应该根据孩子的天性禀赋，因材施教地去引导与培养，因为只有这样，才会收到良好的教育效果。

做好孩子人生的榜样

孩子天生模仿能力强，你是孩子接触最早与接触时间最多的人。你的言行举止，会在不自觉中被孩子学去。所以，你想让孩子成为什么样子，就首先要做到那个标准。

每天晚上，我都会看书，这是从小养成的习惯。

一天，吃过晚饭后，我又来到书房，拿起一本书专注地看了起来。

不知道过了多长时间，我感觉脖子疼了，就放下书本，揉了揉眼睛，转动了一下眼球。这时我意外地发现桐桐正坐在书房的小凳子上，拿着一本书慢慢地翻阅。

我悄悄地走到桐桐身边，她没有注意到我，还在一页页地看，有时候还停留一会儿，好像在欣赏精彩的内容，又像是陷入沉思之中。

停了一会儿，我见她还没有反应，就轻轻地拍了一下女儿的肩膀说："桐桐，你在看书啊？"

听到我说话，桐桐才醒过神来，她站起身说："是啊爸爸，我见你天天在书房里看书，那么入迷，所以我也想看。"

听女儿如此说，我心里万分高兴。我爱好阅读，孩子虽然现在不认识字，不用我引导，竟然也喜欢上了读书。我希望，桐桐不管长到多大，都能把读书的好习惯坚持下去。

孩子天生模仿能力强，你是孩子接触最早与接触时间最多的人。你的言行举止，会在不自觉中被孩子学去。所以，你想让孩子成为什么样子，首先就要做到那个标准。给孩子做一个好的榜样，对孩子以身示教，孩子就会成为你想要的模样。

否则，你只口头要求孩子如何，却不那样去做，就不会收到良好的效果。

一天，我在路上碰见了朋友李哥，他与儿子小东一起去学校拿孩子的考试成绩单。

因为顺路，我们就一边往前走，一边聊天，不知不觉中扯到孩子是否诚信的这个问题上。

李哥叹道："现在的孩子，虽然父母一再要求他们诚实，但还是经常撒谎，诚信在他们身上很难再找得到。"

听到爸爸说这话，小东把脸一拉说："你自己就不守信用，如何叫我诚信？"

李哥被儿子这一顶撞，嘴张了张，但一个字都没有说出来，尴尬得满脸通红。

小东才不管这些呢，他跑到我身边，拉着我的胳膊说："叔叔，你说我爸爸做得对吗？他答应暑假带我去桂林，到暑假了却找借口推辞。我成绩考得不好，骗了他一次，他就天天说我有失诚信。"

听了他们父子各自的"陈词"，我陷入了沉思之中：爸爸有错，儿子也有不对的地方，但孩子的行为，受父母的影响。孩子若有失诚信，父母是不是应该先检讨一下自己的行为呢？

当你发现孩子有失诚信，或者别的不良行为之时，不要去责怪孩子，先审视自己。

你教育孩子，应该言传身教，不仅说对了，还要做对了，只有这样孩子才会服气，才能跟着你学习正确的行为。

　　有一次，一个朋友打电话，邀我出去喝酒。妻子接的电话，她不想让我出去，就说我没有在家。

　　当时，桐桐就在她身边。

　　等妈妈放下电话，她好奇地问："妈妈，爸爸明明就在书房里，你为什么说他不在家呢？"

　　妻子被桐桐问住了，又不好解释，担心讲得太复杂，女儿也不懂，于是就说："等你长大后就知道了。"桐桐就去问我。

　　虽然我清楚妻子本身的行为并没有错，同时我也不愿意出去喝酒。但是，为了避免孩子学会撒谎，我对桐桐说："妈妈不知道爸爸在书房，才这样说。我这就给叔叔打电话，告诉他我在家里呢。你去换衣服，咱们一家都出去与叔叔一起吃饭，好不好？"

　　桐桐听后，高兴地去卧室换衣服去了。

　　我给朋友打了一个电话，告诉他我刚到家，这就出去与他一起吃饭。

　　虽然我也撒谎了，但却是为了孩子今后不撒谎。

成老师心语

　　你在生活中，或许会因为推辞、客气、礼貌，或者别的原因撒谎，说些与事实不符的话。虽然这些在你看来十分正常，也应该这样。但在孩子面前，千万要谨言慎行，否则，孩子就会习得这一不良的行为。

　　各方面做好孩子的榜样，最好成为孩子心目中的偶像，说的与做的让孩子心服口服。那么，孩子才能主动向你看齐。

不要用权威压制孩子

孩子听你的话，如果是因为你人高马大，那就是你教育的失败。你主动和孩子站在同样的水平线上，不用权威要挟孩子，而且孩子自然而然地主动配合你，那才是真正有效的教育。

一天晚上，我正在书房看书，桐桐跑过来，趴在我耳朵上悄悄说："爸爸，我要是能当上妈妈就好了！"

这小家伙，脑袋里不知在想什么，怎么会突然冒出这样的念头？我把她抱到腿上，压低声音，饶有兴趣地让她给我说说发生什么事情了。

"妈妈要求我每天晚上都看书，可是她却在那里看电视。我跑过去看电视，她就很不高兴地说：'去去去，别看了，看书去。'可是，我也学了一招，眼睛一边看着书，一边偷偷斜瞄着电视看。"

我笑了笑。

桐桐继续说："妈妈见我看书不认真，就让我来书房画画，她却还在看电视。我心里不愿意，可又不敢不听话。凭什么她就能管着我，也不问问我到底想干什么？"

我抚摸着她的头。

"所以我说啊，我要是当上妈妈就好了。"桐桐叹了口气，说，"那样，我不仅可以随时看电视，或者干别的我想干的事情，还可以在我的孩子面前摆摆妈妈架子。"

桐桐的话让我感受颇多，我不确定孩子有这样的想法多长时间了，但我敢肯定，一定是妈妈在她面前摆"妈妈架子"时间长了，她感受到压力了，才不得不说的。

妻子自觉正常的事情或者话语，却让桐桐觉得当妈妈有那么多的好处：随时干自己想干的事情，还可以很威风地随便支配孩子。

桐桐睡觉后，我和妻子讨论了这个问题，妻子也觉察到很多对桐桐不合适的地方。我们最后约定：以后我们要时刻注意，在桐桐面前什么时候都得消除权威意识，彻底放下父母的架子，不给她构成任何压力。

你心里也许会有这样的想法：孩子是我生的；我能给他提供成长的优越条件；我会帮助他处理很多困难，给他指明人生的方向，所以我值得他尊重，甚至他怕我都不过分。

父母在孩子面前的尊严，真的是这么来的吗？显然不是。

父母真正的尊严是在理解、尊重、关爱和宽容地对待孩子中，孩子内心自发的对父母的尊重和敬爱。而强行端起权威架子，不仅会破坏你在孩子心目中的形象，甚至还会造成对孩子的伤害。

所以，你不妨放下权威架子，因为，仅仅摆架子是维护不了你在孩子面前的尊严的。

不久之后，桐桐的老师向妻子反映，桐桐在课堂上和同桌争一支铅笔吵了起来，结果导致老师没法继续讲课。老师希望妻子好好教育一下桐桐。

妻子听了十分生气。她经常在桐桐上学之前叮嘱她：在学校里要乖，别惹事，别和同学吵嘴打架，不要给老师添麻烦。

"这不是在挑战我的权威吗？我天天叮嘱她的话都白说了！"妻子当时心想，"这次非得好好教训教训她，否则以后她还把我放在眼里吗？"

但妻子一转念，没有发作，而是稳定稳定情绪，向老师道了歉，领着桐桐走出了办公室。

后来，妻子对我说："如果不是之前你和我说过这个问题，我可真想打她两巴掌。想起你的话，我觉得打她也不会有什么效果，还不如好好沟通呢。不过，被她'藐视'的滋味可真不好受。"

回家的路上，妻子向桐桐打了个比方：

"如果到晚上休息的时间了，你爸爸还在那里看电视，并且还将电视声音开得很大，我和你都睡不着，你说你会着急吗？"

桐桐说："会啊，我会让爸爸赶紧去休息，别打扰咱们睡觉。"说完还笑了。

"那你说，你在上课时间和同学抢东西，老师和其他同学都受到了影响，这样是不是不好啊？"

"嗯。"桐桐咬着嘴唇小声地说。

妻子也就没再说什么，她相信桐桐应该知道今后该怎么做了。

那天吃过晚饭，桐桐钻进我怀里，悄悄说："爸爸，你知道吗？今天妈妈脾气真好，一点都不像'女王'了。"

这让我和妻子都很高兴。

可见，面对孩子，放下自己的架子，得到的往往是更好的教育效果。

但是，放下父母架子，平等地和孩子相处，并不是说在孩子面前就完全不顾忌自己的形象。

我曾经在街上看见这样一件事情。

大街上，一位中年妇女在那里揪着一个男孩的耳朵说："你说我怎么那么倒霉？你爸爸把咱们撇下了，我卖水果供你念书，哪里对不起你了？你还到处给我惹事。我求求你了，小祖宗，你别再给我添麻烦了……"

那位妇女骂着骂着就累了，后来干脆坐在地上骂，不一会儿又给孩子跪下，央求孩子一定要争气。路人有的劝解，有的摇头。可那个男孩依旧一副不以为然的神情。

你会说：那个孩子太没良心了吧？

可是，你想过没有？那么不顾自己的尊严，既能在大街上责骂孩子，又会当众低声下气求孩子的妈妈，她的权威从何而来？又如何让孩子信服？

面对孩子不摆架子，但一个人的起码尊严，却是要永远保持的。有尊严的父母，才会受到孩子的尊重；有尊严的父母，才会教给孩子什么是真正的人的尊严。

成老师心语

如果你的上级，凭借他的地位，每天对你批评、贬斥和责骂，每天端着上司的架子对你指手画脚，你会尊重和服他吗？当然不会。

在教育孩子的时候，这个道理同样适用。

孩子听你的话，如果是因为你人高马大，那就是你教育的失败。你主动和孩子站在同样的水平线上，不用权威要挟孩子，而且孩子自然而然地主动配合你，那才是真正有效的教育。

父母的教育要一致

教育孩子的时候，你和你的另一半在态度上尽量不要产生明显的对立，就算有所差异，也要向孩子讲清各自的道理。教育需要的是相互之间的配合，而不是各执一种理念。

一大早，张岚刚进办公室就气呼呼地说："为了我的女儿双双，我和老公又吵架了。真是没法管了。"

大家都问她怎么了。

"昨天晚上，下着大雨，双双非要吃甘蔗，要我出去买。我和她说得很清楚，外面下着雨呢，路不好走，再说，那个时间，超市估计都关门了。我都和双双说好明天再买了，可是，我去洗刷的工夫，她爸爸给她从外面买回来了。"张岚说。

有人笑了，张岚说："你还能笑出来啊，我是笑不出来了，我在双双心目中的威信接着就下降了。看着她拿着甘蔗在我面前'炫耀'，我觉得自己很失败，真是哭的心都有。"

　　父母教育不一致，会直接影响对孩子的教育效果，还会使孩子对父母产生怀疑：到底谁是正确的？我该听谁的？

　　桐桐就遭遇过这样的尴尬。

　　桐桐刚开始系统学习画画的时候，经常拿自己的画来问我和妻子。

　　"爸爸，我画的这个花园漂亮吗？"

　　"漂亮，桐桐画得真漂亮，要继续努力啊。"我说。

　　可是，过了一会儿，桐桐不高兴地走过来，问我："爸爸，我画得到底好不好啊？怎么妈妈说我画得不好，还说我怎么可以把花画成黄色，花应该是红色的？"

　　妻子这样说，我也不知道该怎么回答桐桐了。可是耐不住桐桐一再问我："爸爸，到底谁说的是真的？"

　　"桐桐，爸爸和妈妈说的都是真的。爸爸说的是你整体上画得很好，而妈妈说的是细节上的问题。"我不想桐桐对自己产生怀疑，就这样对桐桐说道。

　　"我知道了，爸爸。我会好好画的。"听桐桐这样说，我的心里才暗自松了口气，这虽然是件小事，可是对桐桐的影响却可能很大。

　　桐桐不知道该信从爸爸的"画得很棒"，还是信从妈妈的"画得很糟"。不管她信从哪一方，另外一方的意见都容易使她对自己的能力产生迷惑。所以，我对桐桐说，我和妻子的意见是一致的，只是出发点不同，对此，桐桐也接受了。

　　还有一种情况，单就父母中的一方，教育孩子的前后过程也要一致。有的父母会随着时间和场合的不同，对孩子进行不同的教育，高兴时是一种说法，不高兴了，又是另一种说法。

　　父母前后教育的不一致，会让孩子对父母的言行产生怀疑。这样的教育，不仅不能对孩子起到作用，严重的还会让孩子对父母产生憎恨的情绪。

下面的故事，是发生在妻子和桐桐之间的。

一次，妻子带桐桐去超市，因为桐桐之前就有乱买东西的习惯，所以出门之前，妻子就和桐桐说好了，不需要的东西不能买。当时，桐桐答应得挺好的。

可是，听妻子说，到了超市，桐桐就把之前答应妻子的事情忘得一干二净了。她想要一把枪，但家里的枪已经不少了，妻子就不想给她买；并且，在出门之前，妻子已经和桐桐说好，不能买不需要的东西。

桐桐却不依不饶，最后还赖在地上不起来，她以为自己这样做，妻子就会顺从她的要求，对她"妥协"。

妻子见惯了桐桐常用的方式，没有搭理她，而是走向别的柜台。桐桐见妻子真的不答应她，知道自己再闹也没有意义，于是便乖乖站起来，跟着妻子走了。

后来，妻子说："多亏我意志坚定。看着桐桐哭，还真是有给她买的冲动呢，可是转念一想，我不给她买，既是为她好，也维护了我的形象。"

妻子的话不无道理，我很赞同。之后的生活中，我也尽量这样做。

成老师心语

教育孩子是个很庞大的工程，你和你的另一半在教育孩子的问题上存在差异是正常的事情，可是，你和你的另一半也不要将分歧持续过长时间。教育需要的是相互之间的配合，而不是各执一种理念。一致的教育，是维护和善的亲子关系、提高教子质量的前提。

用深沉的爱"拥抱"孩子

"问题"孩子需要回归最初的美好。你也需要某些回归的时刻，回归到对孩子的无条件的爱的状态。孩子成长最需要的，就是父母温暖、醇香的爱的心灵鸡汤。

朋友和我聊起了法国电影《放牛班的春天》。这部电影我已经看过很久了。

记忆中零零散散的全是马修对"问题"少年的爱，那种爱又不是简单的师长对孩子的爱，那是人性中最善良部分的体现。

这是一部从头至尾让人保持微笑，却又使人因喜悦而泪流满面的片子。特别是那些"问题少年"，在马修的教育下，展露出可爱纯真的一面，焕发出某种"本真"天性，令人觉得温馨，整部影片也变得生机勃勃，跳动着春天的脉搏。

它也契合了我的教育原则：用自己最深的爱去拥抱孩子。像马修爱他的学生一样去爱你的孩子，孩子生命的潜能也会被激活。

随着科技、网络的发展，在现在的家庭中，"问题"孩子越来越多。

你的家里，或许就有一位为了玩游戏忘记睡觉，任凭你怎么苦口婆心劝说，仍然不奏效的孩子；又或许有一个整天在外面招惹是非的"酷"儿子，打也打了，骂也骂了，孩子却依然我行我素……

你很想知道如何帮助"不听话"孩子"改邪归正"吧？那么，先看看下面这个故事。

这是我的朋友罗开的故事。

罗开小时候家庭条件不好，别的同学都穿新衣服、新鞋子的时候，他还在穿哥哥穿过的衣服和鞋子。因此在学校里，他经常受到同学们的奚落。

在多次受到这样侮辱性的对待后，罗开像完全变了个人似的，不再任由同学取笑，只要是取笑他的同学，他都会拳脚相向。有一次，他竟然将一个同学的鼻梁骨打断了。

除此之外，罗开开始偷窃，最初是偷同学的，后来去偷街上的商铺。

一次失手，他被人送到了公安局。学校知道这件事情之后，立即做了开除罗开的决定，罗开的爸爸赶到学校，向校长请求给儿子一次机会。

可是校长似乎心意已决，说："我已经给了他很多次机会，可他根本就不思悔改。我如果再一次原谅他，他还是以前的样子，我怎么跟学生们交代啊？"

"再说，你怎么能保证他今后就会改过自新了呢？"校长补充道。

罗开的爸爸看校长的态度异常坚决，就"扑通"一声给校长跪下了。

"男儿膝下有黄金"，如果不是因为儿子，他怎么会向校长下跪？如果没有厚重的爱，他怎么会弯下自己的双腿？

校长网开一面，允许罗开回校学习。当校长告诉罗开，他爸爸下跪的事情之后，罗开发疯似的跑回家，跪在爸爸面前，久久不能起来。

从此，人们见到了一个崭新的罗开。他不仅改掉了所有不良行为，而且开始努力学习，最终以优异的成绩毕业于国内知名大学。

如果没有他爸爸的爱，我也不会见到现在每天积极生活和工作的罗开了。

成老师心语

　　"问题"孩子需要回归最初的美好。你也需要某些回归的时刻，回归到对孩子的无条件的爱的状态。孩子成长最需要的，就是父母温暖、醇香的爱的心灵鸡汤。

　　不要试图用打骂的方式去改变孩子。世界上最伟大的武器是"爱"，用无条件的爱去融化孩子封冻的心，感化孩子使其步入正途，你会发现，爱的力量，竟然是如此的神奇。

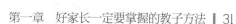

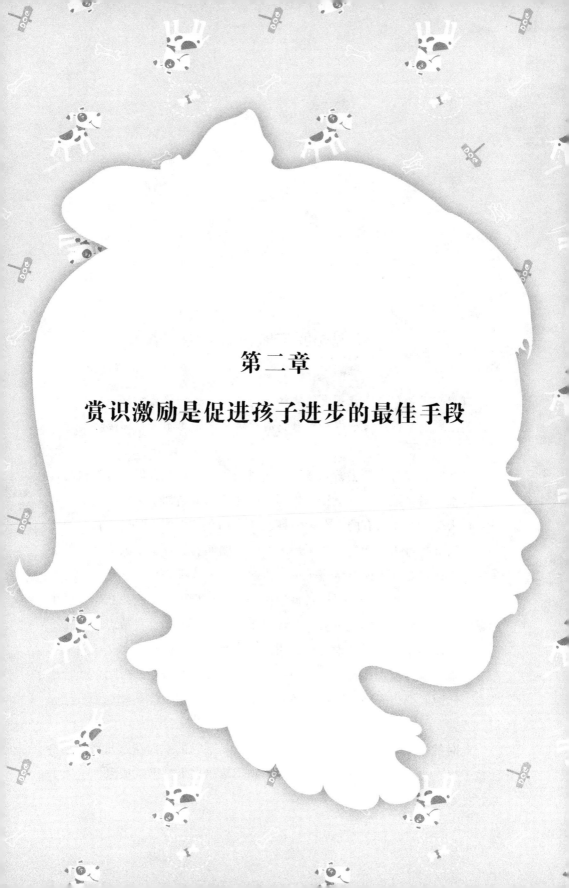

第二章

赏识激励是促进孩子进步的最佳手段

发现和放大孩子的优点

盯着孩子的缺点，就是在强化缺点；放大孩子的优点，就是在强化孩子的优点。一旦激起孩子内心对自我的肯定，孩子想不进步都难。

有一次，我带桐桐去游乐场玩，当时天气虽然有风，但是气温很高，很多人都买雪糕祛暑，这就给游乐园里的环卫人员增加了工作难度。

让人生气的是，有的人在把雪糕包装袋扔向垃圾桶的时候，在风的作用下，没有扔进去，而是落在了地上。他们明明看见环卫工人捡地上的袋子很吃力，可是却不愿意将袋子重新捡起来，再放进去。

环卫工人一边埋怨，一边机械地捡袋子、放袋子。正当我在思考这个问题的时候，桐桐竟然跑过去，对环卫工人说："阿姨，我帮您捡。"

"不用不用，我自己来就行。谢谢你，小朋友，你真棒。"环卫工人夸奖桐桐。这让桐桐很开心，她说："阿姨，我就在边上站着吧，我帮您监督，让他们把袋子都扔进垃圾桶。"末了，桐桐还问了我一句，"爸爸，可以吗？"

此时的桐桐和平时的桐桐真是不一样了。平时的桐桐在家几乎从来不注意卫生，自己的东西乱放，也从来不知道珍惜别人的劳动成果，一天下来，把家里弄得乱七八糟。

我觉得这是教育桐桐的好时机，于是对环卫工人说："我家孩子在家就很讲卫生，每次都帮家里做家务。家里不管是谁，只要是不讲卫生了，她都会及时制止。她已经养成习惯了，您就让她帮您监督吧。"

　　说完，我去看桐桐，她的脸有些泛红，肯定是不好意思了。桐桐说："我还会做得更好。"正是我的夸奖，让桐桐提高了对自己的评价。

　　也许，在游乐场里的桐桐只是一时心血来潮，但是我却及时发现了她的优点，还夸大了她的优点，我说的虽然只是简单的几句话，但是它对桐桐的影响却是很大的。她在我的表扬中认识到了自己的缺点，也明确了自己今后的目标。这对于她，是种进步。

　　这让我想起了妈妈曾经对我的教育。

　　我的数学成绩不好，每次考试总是排在班级后几名。可是，我的语文和英语成绩却很好，在整个年级中都可以排得上名次。这让班主任很着急。

　　一次考试后，班主任把我妈妈叫到学校，说是要和家长进行沟通。当时我也在场，我记得当时老师罗列了我很多的缺点。妈妈一直微笑地听着。

　　老师说完之后，妈妈和气地对老师说："老师，您说的是有道理的。我也知道您是为我孩子好。但您看到的更多是他的缺点，而我看到的却大部分是他的优点。他写作好，经常得奖；他英语好，在英语竞赛中得过一等奖；他数学成绩不好，可是从来没有自暴自弃……"

　　我不敢去看老师此时的表情，我想老师肯定很生气。可是让我很吃惊的是，班主任似乎也觉得我妈妈的话有道理，他伸出手去和我妈妈握手，对她说："谢谢您，您让我对学生的看法有了些改变。"

　　在妈妈的话中，我也感到了深深的爱，它激励我更加努力地学习。

　　之前在桐桐的幼儿园，老师曾经做过一个小测验。

有一次，我去参加桐桐所在幼儿园召开的家长会。那次的主题事先刘老师没有说。家长会刚开始，刘老师就拿出一张白纸，上面有一个小黑点。

刘老师问在座的我们看到了什么。我们无一例外地说：黑点。

刘老师遗憾地摇了摇头，说："除了黑点，这么大的一张白纸，你们怎么看不到呢？"这时，刘老师才说今天的主题是"放大孩子的优点"，这是赏识教育中很重要的一个方面。

"孩子的优点就像这张白纸，缺点就像是纸中间的这个黑点。如果你一直盯着黑点看，那个黑点就会在你眼中越来越大；相反，如果你一直看的是那张白纸，那你看到的就全都是孩子的优点。你们可以想想看，整天盯着缺点和整天盯着优点看孩子的区别。"

在座的家长全都点头，默默思考着着刘老师的话，接着响起了掌声。

"相信你们会在教育孩子的过程中遵循这样的原则的。你会发现，孩子将越来越优秀。"刘老师补充道。

成老师心语

盯着孩子的缺点，就是在强化缺点；放大孩子的优点，就是在强化孩子的优点。一旦激起孩子内心对自我的肯定，孩子想不进步都难。

每个孩子都有自己的闪光点，但是在生活中，你经常会对孩子的缺点斤斤计较，孩子在你眼里，总是千疮百孔。你这样做，孩子也不会取得长足的进步。如果你换个思路，放大孩子的优点，孩子就会在自信中成长。

及时夸奖孩子的小进步

每个孩子都是一处宝藏，挖掘宝藏是你的神圣使命。你应该及时发现孩子的每一点进步，鼓励孩子的每一次成功，这样孩子的经验越多，就会越自信。

桐桐两岁左右的时候，妻子对她要求就很严格，只要桐桐有做得不好的地方，她就会批评桐桐，这让桐桐感到很沮丧，所以，每次妻子批评桐桐之后，也没见桐桐有什么改变。

"我告诉你几遍了，画画的时候不要三心二意，你怎么就是记不住呢？画一会儿就分神。"妻子又开始训斥桐桐。

桐桐拉长着脸，说："我就是个笨蛋，从来都没有做过正确的事情。"

说完，桐桐站在那里，低着头，她心里肯定对自己很没自信，觉得自己是最失败的孩子。

我来到桐桐身边，摸着桐桐的头，说："桐桐，你今天比昨天进步多了，昨天你画了十分钟就坚持不下去了，今天坚持了将近半小时呢。"

有了我的鼓励，以后的桐桐变得更乖了，每天都坚持四十分钟以上，她的画画水平也有了很大提高。

被人夸奖是每个人都喜欢的事情，对年幼的孩子来说更是如此。孩子对自己的评价多半是来自身边的你所给的评价。

即使孩子的做法仍然有不合适的地方，但是只要是在进步，就像桐桐一样：上次坚持了十分钟，今天坚持了半小时，你就该及时表扬孩子，而不该对孩子过于苛责，强求小小的孩子按照你的要求去做。

如果你缺乏对孩子的及时表扬和鼓励，每天给孩子的只有喋喋不休的批评和指责，对孩子的进步视而不见，孩子就会变得自卑，严重的，还会引起孩子的逆反心理。

如果你发现了孩子的进步，孩子就会回馈你更大的进步，在情感上，他也会获得满足。

我有一位同事小刘，她的孩子松松在婴儿时期就患了多动症，为此这几年来，她四处求医，可是没有多大效果。但是松松明年就到上幼儿园的年龄了。小刘知道，以孩子现在的情况，没有学校会收松松的。

所以，她专门请了一位可以照顾和培养多动症孩子的高级保姆，希望可以改变松松的情况。可是，那位保姆只在小刘家里待了三天，因为松松实在难以教育。

"松松保持安静的最长时间是三分钟，还会抓我的头发，甚至会向我说脏话，我真是教不了他。对不起。"这位保姆说道。

听到这里，小刘心里难过极了，鼻子忍不住一酸。

当别人给自己的孩子下否定的结论时，想必每位妈妈都会是这样的感觉。后来，那位保姆真的就没再去小刘家了。

松松问小刘："妈妈，老师怎么不来了啊？"

小刘想想那位老师的话，差点哭出来，但是，小刘微笑地对松松说："老师说你有进步，她有更需要她的学生了。妈妈也发现你的进步了，你以前在凳子上都坐不了一分钟，现在都能坚持三分钟了。"

松松问小刘："真的吗？妈妈，你真的觉得我有进步啊？"

"当然。妈妈可骄傲呢，隔壁王阿姨还夸你最近有礼貌了，之前你看见王阿姨都不会打招呼，只会盯着王阿姨的鞋子看。现在你都知道和王阿姨打招呼了。"小刘对松松说。

从那之后，松松果真发生了很大的变化。小刘在生活中坚持松松一有进步就及时表扬的原则，结果，不到一年的时间，松松就和普通孩子相差不多了。最近小刘还将松松送去了幼儿园。

小刘庆幸自己没有将那位老师的话告诉孩子，而是换了一个角度，换了一个思路。看到孩子的每一点进步，并且及时给予鼓励和表扬，孩子就会取得很大进步。

就像桐桐最初画画的时候，她画的总是不符合老师的要求，老师的评语不是"不符合事实"，就是"缺乏技巧"。

这次，桐桐将香蕉画成了红色，老师直接给了个大大的红叉，这让桐桐很不高兴。桐桐对我说："爸爸，我觉得自己画得很好啊，可是为什么老师说我错了啊？"

桐桐喜欢画画，我不想打击她的积极性，再说，小孩子画画，讲究的就是童趣和想象，怎么能以成人的标准来评价孩子呢？

想到这里，我不禁为桐桐感到不平。

于是，我对桐桐说："桐桐，你画得很棒，这次比之前画得有创意多了。你把香蕉画成了红色，说不定哪天，专家真的会培育出红色的香蕉呢。"

桐桐听了很开心，说要画出更好的画。桐桐对自己充满信心，这是让我感到欣慰的。

我将我的观点告诉了刘老师，刘老师也认可我的观点，说自己在以后的教学中会注意的。

成老师心语

　　每个孩子都是一处宝藏，挖掘宝藏是你的神圣使命。你应该及时发现孩子的每一点进步，鼓励孩子的每一次成功，这样孩子的经验越多，就会越自信。

　　孩子认为自己有优点，并且得到了你的肯定，便会大大增强自己取得更大的成绩和进步的信心和希望。这是你想得到的教育效果吧。

在他人面前赞扬孩子

你在外人面前赞扬孩子，首先体现的是你对孩子的信任，孩子会从你的信任中受到鼓舞，变得自信，从而自觉纠正自己不好的行为。

桐桐三岁的时候，就喜欢在别人面前表现自己，每天放学后，都会将自己在幼儿园学的东西给我和妻子"展示"一番。这足以说明，桐桐已经有了较强的自我表现欲。

每次，在桐桐表现之后，我和妻子都会给她掌声，这让桐桐变得更加积极，每天回来的第一件事情就是给我们表演。

那天，桐桐回来的时候，正好一位朋友在家里玩。当时我正和朋友聊天，可是桐桐却不忘每天回家后的必修任务，硬要在朋友面前"展示"。

正在书房看书的妻子开始叫桐桐，对桐桐说："等叔叔走了，你再给我们看吧，听话。"可是桐桐根本听不进去。

这时，朋友说："桐桐，在学校里学到什么了？给叔叔说说吧。"听我的朋友这么一说，桐桐立马来了精神，说："叔叔，我给您跳个舞吧。"尽管我和妻子给桐桐使了眼色，可是桐桐还是跳了起来。

就在桐桐跳的时候，我突然意识到这是激发桐桐自信和进取心的好机会。于是，桐桐跳完之后，我对朋友说："你看我家桐桐，跳得多好，她今天这还是没有好好发挥呢，好好发挥，比这跳得还好呢。"

朋友说："真不错，这个孩子有前途。"

这时候，我看见桐桐脸上的笑容更多了，显然，她的自信心和自尊心得到了极大的满足。我和妻子便约定，有机会，就在外人面前多夸夸桐桐。

至今我还清晰地记得小时候的一件事情。

那天，学校开家长会。当时的家长会，学生在教室学习，家长会在另外的屋子里进行。所以，对自己的父母会怎么和老师交流，作为学生的我们是不知道的。但是，多多少少的，在老师随后几天的反应中，我们还是可以感觉到父母说了些什么话。

果然，一次家长会后，班主任找我谈话，说："你妈妈在家长会上说你在家既认真做家庭作业，还会帮助她做家务。妈妈对你的教育很省心。那你在学习上也该这样啊，要加强对自己的管理，老师也相信你的成绩会不断进步的。"

那是我第一次听见妈妈夸我，还"夸大"了我的优点，我在家做家务，无非就是那次洗了一下碗。妈妈的夸奖，让我在老师和同学面前树立了自信心，让我觉得很有面子。

我的表现也没有让妈妈和老师失望，我回家之后，还真的自觉地帮妈妈做起了家务，学习上，也比之前更用心了。

这都是源自妈妈在老师面前夸奖我。

桐桐小时候有段时期很"小气"，不懂得和别人分享。虽然有的专家说，每个孩子都有那么一个"小气"的过程，但是我想通过"在外人面前夸奖孩子"的方式缩短桐桐的"小气"过程。

我去接桐桐放学的时候，一般都会给桐桐拿点零食，作为对她的小奖赏。那天放学，一个看着比桐桐年龄要小的小朋友看见自己的妈妈没有给他带吃的，就哭了起来。那位妈妈尴尬地说："是今天出门时太匆忙了，忘了带了。"

我看着手里的糖，心里有了个主意。我对那位妈妈说："我今天给我女儿拿了两块糖，我家桐桐最喜欢和别人分享了。在家里，就算是一个苹果，也会谦让我和她妈妈的。"

"是吗？你家孩子真棒。"

"桐桐，你把一块糖送给你的同学吧。"我温和地对桐桐说道。

或许是我表扬的话让桐桐觉得很满足，她竟然跑到那个同学面前笑着说："你别哭了，我把这两块糖都给你。"

"桐桐，你真大方。"我竖起大拇指，夸桐桐。桐桐冲我眨了下眼睛。

这件小事之后，桐桐的"小气"真的有所收敛。那次，妻子给她买了樱桃，她先将大的挑出来，分给我和妻子，这让我和妻子很高兴。

成老师心语

你在外人面前赞扬孩子，首先体现的是你对孩子的信任，孩子会从你的信任中受到鼓舞，变得自信，从而自觉纠正自己不好的行为。

如果你在外人面前表现不出对孩子的信任和赏识，他人和社会就更不会承认孩子了。长期生活在这样的环境中，孩子就会缺乏基本的自信。

肯定和欣赏孩子的闪光点

你肯定和赏识孩子的闪光点，孩子就会认识到自己的潜力，不断完善自己，成为成功的人。贯彻这样的教子理念，你会发现这样的教育效果会非同寻常。

有这样一个故事。

卡耐基小时候是大家公认的坏孩子，他很调皮，经常在外面闯祸。他的妈妈在他很小的时候就去世了，他的爸爸则认为他无药可救，也就很少对他进行教育，这样，在外人看来，卡耐基就是个一无是处的孩子。

在卡耐基九岁的时候，爸爸给他找了个继母。他一边向继母介绍卡耐基，一边说："亲爱的，你要注意，他是全郡最坏的男孩，说不好哪一会儿，他就会拿着石头砸向你。"

卡耐基已经不是第一次听见爸爸这样向别人介绍自己，但他还是羞愧地低下头去。

出乎卡耐基意料的是，他的继母摸着他的头说："你爸爸说得不对，你不是全郡最坏的孩子。"只是这句话，卡耐基的心里就咯噔一下，他抬头看他的继母。

"你不仅不是坏孩子，你还是最聪明的孩子，只不过现在你还没找到发挥自己潜能的地方。"继母继续说道。

卡耐基的眼泪滴落下来。正是继母的话，成为激励卡耐基一生的动力，使他创立了"成功的28项黄金法则"，帮助更多的人走上成功和致富的道路。

卡耐基的爸爸看到的是他的调皮，而他的继母看到的是他的聪明，继母的一句话就改变了卡耐基的命运。

来自继母的欣赏，使卡耐基的想象力和创造力得到激发，帮助他开发自己的潜能，使他成为美国的富豪和著名作家。

清代教育学家颜元曾说："数子十过，不如奖子一长。"这是很重要的教子理论。赞美永远都是有意义的，尤其是对于孩子。一次赏识和赞美，也许会胜过一万次严厉的批评。特别是对于那些本身就有缺点和错误的孩子。

我的同事老李家的孩子李同很贪玩，每天放学之后都会尽兴地玩耍，直到睡觉之前才开始慌慌张张地写作业，作业质量，可想而知。老李几乎每天都会批评李同，可李同贪玩的毛病，一直没有多少改变。

有一次，他的妻子在下班回家的路上，见到李同在外面和他的朋友一起玩的时候，能够让着别人。她把李同叫过来，边给他擦汗，边说："李同，你真是个好孩子。如果你能先写完作业，再和伙伴玩，那会玩得更开心的。"

李同看见如此和颜悦色的妈妈，于是懂事地点了点头。

从此，李同放学回家，都会先做作业，作业做完之后，再去和伙伴玩。

老李很纳闷，说是孩子因为妈妈脾气好，没有批评他，就变得懂事多了。

其实，不是因为李同的妈妈脾气好，而是因为李同的妈妈善于抓住孩子团结别人的优点，先是给予李同充分的肯定，然后再对其进行引导，李同当然可以接受了。

有一次我和妻子带桐桐出去玩，刚走出小区门口，就见同一小区的孩子丁丁哭着跑出大门。肯定是丁丁的爸爸打他了，我自己这样想着。

果然，丁丁的爸爸小赵不一会儿就从后面追了过来，走到门口的时候不见了丁丁。他问桐桐："桐桐，你看见丁丁了吗？"

"看见了，他朝那边跑了。"说完，用手给小赵指着。

桐桐分明是在撒谎，丁丁明明是向左跑了，桐桐指的却是右边。当时我立即明白了桐桐的意思，也就没再说什么。

等小赵走后，我对桐桐说："你小赵叔叔的教育方式我也不赞成。我也知道你是不想丁丁再挨打，爸爸要表扬你的善良。但你要明白，善意的谎言和真正的撒谎是有区别的。你要正确区分二者的差别。"

桐桐点了点头，并且认真听我给她讲了善意的谎言和真正的撒谎之间的区别。

成老师心语

尽管人的成功更多的是依靠自身努力，但是使人更有信心的还是身边的人给的鼓励，那是最初的赏识，也是自信的根本来源。

你肯定和赏识孩子的闪光点，孩子就会认识到自己的潜力，不断完善自己，成为成功的人。贯彻这样的教子理念，你会发现这样的教育效果会非同寻常。

不对孩子下否定预言

不管你的孩子表现如何，都不要对他做出"没有出息"之类的负面判断，也不要给孩子贴上"窝囊废"的标签，这样的方式不但不会起到教育的作用，还会误导孩子对自己产生错误的认识，也会伤害孩子的自尊心。

赵军和王利是我中学时代的好友。赵军当时是班里的班长，学习成绩在班上也总是名列前茅。王利是班上的普通学生，学习成绩不是很理想，但是也说得过去。

可是，后来中考的时候，赵军却没有考上高中，而成绩平平的王利则在考试中发挥得不错，考上了不错的高中。

为什么会有这样的差距呢？原因就在于他们各自的父母。

赵军的爸爸妈妈都是爱面子的人，所以，要求赵军在各方面都要优秀，一旦赵军出现错误，他们就会说："你怎么那么笨呢？比我当年差远了。我看你也就这样了，没出息。"本来自信的赵军在父母的否定预言中，愈加不自信，学习也少了劲头。

可是，王利的爸爸妈妈却是另外的教育方式，尤其是王利的妈妈，经常对王利说："儿子，妈妈知道你喜欢下象棋，可那只能是你的业余爱好，现在最重要的还是你的成绩，妈妈相信你是有很大潜力的。"

由此可见，对孩子下否定预言对孩子所造成的伤害是巨大的，不仅仅是孩子的成绩方面，更重要的是挫败了孩子的自信心。而赏识性的话语会激起孩子的信心，调动自己的潜能，获得成功。

所以，不要轻易对孩子下否定预言。

有段时间，桐桐在电视上看到古筝，听到古筝的声音，便要求我和妻子送她去学古筝，她说自己很感兴趣。

最初，妻子抱着试试看的心态给桐桐报了名。有一次我遇见了教桐桐古筝的老师，那位老师说，桐桐虽然进入状态慢，可是很用功，并且一天天也有不小的进步。

可是，有一天，那位老师给家里打电话："成老师，桐桐今天怎么没来学古筝啊？是不是身体不舒服？"

我也不清楚桐桐今天是什么状况。所以，我谢过老师的关心，说问问桐桐再说。

"桐桐，今天有课，你怎么没去啊？是不是想偷懒啊？"

"不是，爸爸。是妈妈不让我去了。昨天她去学校接我的时候，听见我弹古筝了。妈妈说我没有天分。"桐桐委屈地说道，似乎妻子对她的断定已经转化为桐桐自己对自己的看法。

"桐桐，不是这样的，你老师昨天还在夸你进步大呢。爸爸知道你很用心，一定会有更大的进步的。"说完，我便送桐桐去学古筝了。

后来，我成功地说服了妻子，妻子也认识到自己做法的不当。在我和妻子的支持下，桐桐的古筝越弹越好。

你轻易地对孩子下否定预言，还会使孩子产生这样的心理：你已经认定我是坏孩子了，那么，我即便再努力，你也不会看到。那我就按照你所

说的，去做个"没出息"的孩子吧。

这里有这样一个例子。

有一次，同学聚会，晓燕带着她的儿子来了。她的儿子很活泼，一点也不怯生，跑过来跑过去，一不小心，碰在了桌子角上，晓燕不是着急去看孩子是否受伤了，而是先劈头盖脸地批评儿子说："你真是让人讨厌，一点也不让人省心。"

你的孩子不听话时，也许你也会说出这样的话，你认为自己是无心的。但是晓燕的儿子却觉得妈妈让他在那么多人面前丢脸了。于是，他更加放肆。不仅乱跑，还在餐桌上将自己喜欢吃的全都放在自己面前，他还不老实地吃，一会儿跑到这边，一会儿又跑到那边，让大家都没有兴致再吃饭了。

晓燕批评他，他却说："我就是个让你讨厌的孩子。"这句话让晓燕的脸刷地一下红了。她意识到这是儿子在向自己挑衅，但是确实是自己刚才不对。

此时，晓燕可能意识到了孩子是故意的，于是笑着对儿子说："你是最乖的孩子了，妈妈刚才说的是气话。妈妈知道你是个有礼貌、讨人喜欢的好孩子。"

"你不是说我让人讨厌吗？"她的儿子问她。

晓燕还是微笑着摇了摇头。这下，她的儿子真的变乖了，不仅将自己刚才"收敛"的菜重新放好，还乖乖地坐在晓燕旁边，安静地吃起了饭。

成老师心语

不管你的孩子表现如何，都不要对他做出"没有出息"之类的负面判断，也不要给孩子贴上"窝囊废"的标签，这样的方式不但不会起到教育的作用，还会误导孩子对自己产生错误的认识，也会伤害孩子的自尊心。

经常听到否定预言的孩子的自信心会受到强烈打击，因此，想改变孩子，就要从改变你对孩子的否定预言开始。

不拿孩子和他人随便比较

每个孩子都是特别的。你不要把注意力放在自己孩子和别的孩子的比较上，要知道有些东西是自己的孩子再怎么学也学不来的。作为家长，要将注意力放在孩子与自己相比的每一个小进步之上。

我刚上小学那段时间，有一次，我的语文成绩考了九十八分，回家后，我把这个消息告诉妈妈，妈妈说："儿子，你真棒。"记得那天晚上妈妈为我做了我喜欢吃的菜，这让我很开心。

后来有一次，我的语文成绩考了九十分。当我把试卷拿给妈妈看的时候，妈妈的表情立刻就黯淡下来，说："怎么考这么点儿？为什么没有上次考得多？"

我说："这次的题目有些难。"

"那你们班上有没有比你考得高的？"妈妈接着问我。

"有……有五个人。"

"那你还好意思给我看你的成绩单？以后考不到班上前三名，你就别拿给我看。"妈妈很生气。我当时很失望，不知道妈妈是关心我，还是关心我的成绩。

在这里，我的妈妈当时就进入了一个误区，她盲目地将我和我的同学进行比较，而没有考虑到试题的难易。只看到我的成绩下降，就开始批评我，大大地打击了我的自尊心。

当然，不只是我的妈妈，很多时候，你也会不经意地说"你看李叔叔家的孩子，每次都是班上的第一名"、"人家小华多让家长省心"等。

你在说的时候，可能只是图嘴上的一时痛快，想激起孩子的进取心。但是孩子不一定可以理解你的"良苦用心"。孩子可能会在心里憎恨你所表扬的那个人，也会在心里和你疏远。

妈妈没有看到我能力的提高，而是看到了我和别人的差距，如果她换种方式和我说，我也许会将妈妈的话当成对自己的鼓励，可是，妈妈的语气，让我体会到了她对我的嘲笑。

当时，我的唯一想法是，要是我的妈妈是刘刚的妈妈就好了。

我说这句话，是有根据的。

有一次，下午放学后，我去刘刚家做作业，正好是在考试之后。刘刚的成绩不如我的成绩高，可是刘刚的妈妈看了刘刚的成绩之后，却没有责怪刘刚，还高兴地说："刘刚，这次你的成绩比上次有进步，不错。"

刘刚听见妈妈的话，开心地站起来，说："妈妈，我保证，下次考试成绩更理想。"

"不用你保证，只要你一次比一次有进步就行。"刘刚的妈妈这样对他说。当我听见这句话的时候，心里感觉很温暖，充满了进步的力量。

我当时不解地想："为什么我妈妈总是说我不如别人，可是刘刚的妈妈却不那样对刘刚？"那时，我的想法就是，如果刘刚的妈妈是我的妈妈，不会拿我和别的孩子比较，那该有多好。

记得桐桐刚出生不久，妻子就对我说："如果桐桐皮肤不这么黑就好了。隔壁姐姐的皮肤多好。"说完还带着一声叹息。

这时，我都会对妻子说："如果孩子的皮肤白，那就不是桐桐了。所以，不能把孩子盲目地和别的孩子比较，这样的比较是没有意义的，也是徒劳的。因为，每个孩子都是独一无二的。"

妻子似乎也认同了我的观点，虽然之后的日子，她会拿桐桐的成绩和别的孩子比较，但是在桐桐的皮肤问题上，她再也没有盲目比较过。

成老师心语

身为父母的你，经常拿孩子的缺点和别的孩子的优点比较，相信也是希望孩子以别的孩子为榜样，学习别的孩子的优点，取得进步。你的本意是好的，但是往往因为你对孩子的期望过高，使效果与你的期望大相径庭。

每个孩子都是特别的。你不要把注意力放在自己孩子和别的孩子的比较上，要知道有些东西是自己的孩子再怎么学也学不来的。作为家长，要将注意力放在孩子与自己相比的每一个小进步之上。

用赞美点击孩子的缺点

你可以针对孩子的表现对孩子加以赞美，注重孩子的优点，并将其放大，让孩子的积极心态逐渐觉醒，从而改变错误的思想和行为，克服缺点。

小胖是桐桐班上一个调皮的孩子，有一次，学校还没放学，我和小胖的爸爸在门口攀谈。

"听桐桐说，最近小胖的变化很大，比以前有礼貌多了。"我对他说道。

他便给我讲了讲他的教子经：

"小胖是个很不安分的孩子，总是爱动，在学校里，还经常欺负小伙伴，老师也拿他没办法，我和他妈妈的话，他更是听不进去。有时候，我和妻子批评他，他就会安静一会儿，但是过不了多长时间，他又会犯老毛病，始终改不掉自己的缺点。我教育他说：'你如果总是这样，那小朋友都不爱和你玩了。'但他根本就不听。

"一次，我发现小胖很喜欢拆卸家里的'小机械'，就想着把他向这方面引导，希望这样能转移小胖过剩的精力。我将小胖带到小区门口修理自行车的师傅那里，因为和那位师傅很熟，所以他答应教小胖一些简单的修理自行车的工作。

"那位师傅教小胖把刚送来的自行车擦干净、安装小零件，这都是很基本的。如果零件装不好，一眼便能看出来。第一天，小胖装零件的时候，即使一个很小的零件被小胖装好，我都会表扬他。如果他第一次没装好，我也会鼓励他反复安装，直到成功。就这样，每天我都会坚持让小胖去那里修自行车，一周左右的时间，我就发现小胖变了，做事变得认真，喜欢自己动手。看来，是我的教育发挥作用了。"

他接着说下去：

"我发现了小胖在欺负班里同学的同时，也喜欢打抱不平。只要我知道小胖做了好事，就会表扬他，并且还会暗示他说：'如果，你和小朋友在一起玩的时候，再有礼貌一点的话就更好了。'结果，小胖一天比一天更有礼貌，变得文质彬彬，身边的朋友多了起来，老师也更喜欢他了。这是个连锁反应，老师和小朋友喜欢他，经常夸他，小胖也就想变得更好了。"

小胖的爸爸满脸笑容，看得出，他很开心。

用赞美点击孩子的缺点：先表扬孩子的优点，不让孩子产生抵触情绪，然后指出孩子的缺点和不足，就会达到督促孩子改正错误的目的。这是一种科学的教子方法，你不可不知。

每个孩子都渴望得到认可，他们可能会为了你的赞美不断完善自己。赞美是一种艺术，它在孩子成长过程中的作用不可低估。

桐桐的体育成绩不好，她最害怕幼儿园的体育比赛。每次只要是第二天有比赛，头一天晚上，她就睡不好觉，压力很大。

"桐桐，你为什么会害怕呢？"

"我害怕跑步，太长了，我怕跑不下来。"桐桐说。

"你是个优秀的孩子，你想想，你画画那么好，并且将这个习惯一直坚持了下来，这说明你的耐力不错啊。所以，你要相信自己，也不要给自己太大的压力，只要尽力就好了。"我对桐桐说。

"爸爸，听你说完，我还真没那么紧张了。"桐桐说。

我对桐桐画画这件事情表示肯定，然后对她提出要求。这样，桐桐就能更好地调整自己的心态，也就不那么紧张了。

很多时候，你对孩子的要求过高，可是你却不懂得赞美，面对孩子的缺点，你首先想到的是批评和责备，你以为这才是教育，其实并不尽然。你可能忽略了赞美的重要性。

一次，朋友带豆豆来我家玩。桐桐好像很不喜欢豆豆，吃的玩的，都揽在自己怀里，还不让我和妻子给豆豆。这让我和妻子很尴尬，妻子批评桐桐说："你怎么那么不懂事呢？"可桐桐根本不为她的话所动。

这时，那位朋友说："早就听说桐桐是个乖孩子，听你爸爸说你有个表妹叫乐乐，你很会照顾她，好孩子就该那样。我经常在家教育豆豆，要向桐桐学习。"听了朋友的这些话，桐桐好像觉得不好意思了，将薯条塞到豆豆手里，还将自己喜欢的"大熊"拿出来给豆豆玩。

正当我和妻子都很纳闷桐桐的表现时，这位朋友说："对孩子就要温和着点，夸她的优点，孩子会听出你对她的期望，也知道该怎么做了，这比单纯的批评有用。"

我和妻子点头称是。

成老师心语

赞美孩子，可以激发孩子正确的动机，使孩子知道自己该怎么去做，逐步形成良好的心理和习惯。孩子会努力维持你对他的赞美，从而督促自己按照你所期望的去做。

你可以针对孩子的表现对孩子加以赞美，注重孩子的优点，并将其放大，让孩子的积极心态逐渐觉醒，从而改变错误的思想和行为，克服缺点。

激励孩子，激发孩子的潜能

每个孩子都有无穷的潜力，只要经过适当的引导，都有机会成为了不起的人。你的责任就是挖掘和激发孩子的潜能，培养出孩子了不起的一面。

一天，我去学校接桐桐放学，学生差不多都出来了，我还是没看见桐桐的身影。我进去一看，桐桐正看着教室外面的大黑板。

那是一块特殊的黑板，上面划分为三块：学习、品德、卫生。下面有学生的名单，名字后面有老师给出的分数，从 10 分到 5 分不等。

"桐桐，你在看什么？"

"爸爸，我在看我今天得了几分。我的分数不高，你看，得满分的同学那么多。"桐桐略有不高兴。

我找到桐桐的名字，看后面的分数：学习 8 分，品德 9 分，卫生 10 分。

"桐桐，你知道你的分数丢在哪里了吗？"我问桐桐。

"我觉得我今天做得挺好的，是老师故意和我过不去，给我打这么低的分数。"桐桐不满地说道。

我相信桐桐的老师给她的分数是有道理的。看着沮丧的桐桐，我微笑地对她说："桐桐，你已经算是不错的了。可是，爸爸知道你是个不甘落后的孩子，你总结一下自己为什么会丢掉那些分数啊！不然，是不会进步的。"

我在想，老师的这个方法挺好，对孩子能起到促进和激励作用。

回家后，桐桐对我说："爸爸，我知道是因为什么了。学习上丢掉的分数是因为我在课堂上和同桌说话了；品德上，是我在课下和小军闹别扭了……"

"老师没有给你打错分数，分明就是你做错了嘛。桐桐，如果让你重新来过这一天，你还会犯这样的错误吗？"我问桐桐。

"不会，爸爸。我想得满分呢。"桐桐说。

"那你应该怎么做呢？"

"我上课好好听讲，不说话，不做小动作，团结同学，热爱劳动……"桐桐说了很多。

"嗯，爸爸希望明天看见你都是满分。"

第二天，我去接桐桐的时候，真的看到了她名字后面的满分。"爸爸，你昨天不是说想看见我的成绩全是满分吗？我真的全是满分。"面对积极的桐桐，教室外面的大黑板和我算不上激励的话，却对她起到了很大的作用。

孩子需要自身之外的这种激励。

我将桐桐老师的创意运用在了家里。我画上了表格，将我、妻子、桐桐的名字写在上面，然后划分了几个栏：品德、家务、个人卫生。由我做裁判，约定好谁的表现好，就可以得一面画的红旗。

此外，我还列出了很多细则。每天晚上，全家人都会开会讨论，评比出分数，然后三个人互评，指出优点和缺点。

差不多每次都是桐桐分数最高，这不仅是我和妻子说好要多给桐桐些激励，更主要的是，桐桐确实从中受到鼓舞，做得不错。

这种制度，不仅对桐桐有很大的激励作用，对于我和妻子也有很大的刺激作用。家里的每个人都变得积极起来。

除了这种相应的制度奖励可以激励孩子之外，让孩子有自己的梦想，也是激发孩子潜能的重要方式。

我从小时候开始，就很喜欢看书，那时候总想着长大之后当个作家。妈妈知道我这个爱好之后，给予我很大支持，她让我将自己当作家的大目标分为几个具体的小目标，然后为之努力。

那个时候，家庭条件不是很好，可是，妈妈宁可省吃俭用，也要为我买书。有时候还会带我走很远的路，去县城买书。

妈妈还督促我要坚持写作，偶尔我不想写，妈妈就会说："妈妈知道你心里有很多东西要写，就算只有一句，你也应该写下来。"

在妈妈的鼓励下，我不断坚信和强化自己的梦想，踏实地走出每一步。也正是在妈妈的不断激励下，我的写作潜能才不断迸发出来，真的把写作当成了我的人生追求。

成老师心语

没有激励，就不会有孩子的进步，更不会有孩子的成功。激励是孩子成长路上的催化剂。激励孩子，应该成为你的心态。

每个孩子都有无穷的潜力，只要经过适当的引导，都有机会成为了不起的人。你的责任就是挖掘和激发孩子的潜能，培养出孩子了不起的一面。

第三章

好的亲子关系胜过任何教育

学会站在孩子的角度看问题

教育孩子，父母要学会和孩子进行换位思考，从中学习教育的方法和技巧。当他遇到问题时，你能够迅速地从他的位置和角度来看待问题、分析问题，从而有效地解决问题。

妻子上小学的时候，有一次因为身体不舒服，没有去上课间操，不明真相的班主任狠狠地批评了她一顿，还罚她做值日。

她心里很窝火，闷闷不乐地回家后，第一次没有写作业就出去玩了。晚上回家后，母亲问她："作业写完了吗？"

她摇摇头。母亲耐心地说道："你以前都是写完作业才会出去玩，今天没写作业就出去。我想一定是有原因的。"

看她不说话，母亲又问她："是不是在学校遇到不愉快的事情了？"

她点点头。母亲柔声问："能告诉我吗？或许我可以帮助你。"

听了母亲的话，她心一热，就如实讲了在学校发生的事情。母亲安慰她说："这事情确实难办，换作我也解决不了这个问题。"接着又说，"你心眼比我活，现在想通了吗？"

"想通了。"听到母亲夸自己，她心里舒服多了，说道。

母亲笑了，说道："我就知道你会想通的。老师不知道真相，自然会批评你。而且这批评也算不了什么，不就搞卫生嘛，你那么勤劳，扫地是顺手的事。"

她听后，高高兴兴地去写作业了。

当你发现孩子反常时，要先克制住自己。站到他的立场上去想问题，这样，会很容易帮你找到答案。而孩子也会被你的一团和气所感染，把心里话讲给你听。

有个邻居，一提到她的女儿，就有说不完的话："我女儿今年才十岁，按说还没到青春期呢，怎么就变得这么不听话呢？"

接着她向我讲起最近发生的一件事情。

她女儿跟着姑姑上街，看上了一款漂亮的小裙子，缠着姑姑给她买下来。因为当时带的钱不够，姑姑答应她第二天再带她去买。

不巧的是，第二天裙子被人买走了。她女儿为此闷闷不乐了好长时间。她得知事情后，就到别的商场买回了女儿喜欢的裙子。

她满以为女儿会很高兴，没想到女儿淡淡地说："我不喜欢这种款式的裙子，你退掉吧。"

她气坏了，说道："你什么意思啊，你姑姑说就是这款呀。怎么？想瞒我啊。不是我说你呢，你的裙子都那么多了，还买，我看你……"

她女儿大声说："我再说一遍，我不喜欢这件裙子。"说完赌气回了自己房间。

她生气地对我说："当时气得我真想打她几下。这几年，她和姑姑走得特近，有很多话，宁可和姑姑说，也不对我说。"

我问她："你可以好好和她谈一谈，或是向她姑姑了解一下，看看她为什么对你这么有成见。"

她说道："我一和她说话，她就找借口离开。她多次对姑姑说我太武断，什么事情都得听我的，让她太烦。"

我劝她："和孩子沟通时，凡事要多听听她的意见，当她的行为让你生气时，你要站在她的角度想一想，她为什么要这么做，想通了，再调整自己的教育方式。"

她很吃惊，问道："什么？她犯错误了，我还要站在她的角度上去想？"

我说道："只有这样，你才能真正地了解她，和她交流时就不会有冲突了。"

孩子是一个独立的生命个体，也有自己的思想和主见。父母要想和他达到顺畅的沟通，就要多了解他，凡事站在他的角度上想问题。了解到他真实的想法后，再有针对性地引导他。

桐桐有位要好的同学，每次来我家，总要抱怨父母："在他们眼里，我一无是处，干什么都不合他们的意。"

她父母都是大学老师，对她要求很高，不但学习要她争全班第一，在其他方面也不能落在同学后面。现在父母给她报了很多特长班。

她说："我根本就不喜欢舞蹈，可我妈说学舞蹈体型好看，让我学了舞蹈；我不喜欢学棋，可我爸说学棋开发人的智力。唉，现在我一提这些班，头就大了。"

她现在一共上了五个特长班。

她说："我现在已经感觉不到生活的乐趣了，一想到每天要这样奔波于每个班之间，我就觉得痛苦。每天早上醒来，想到这些事情，就感到恐惧。"

我问她："既然这么痛苦，为什么不向父母讲出来呢？"

她惊讶地看着我，说道："我哪里敢对他们提要求啊？上次我说现在课紧了，是不是取消一个班时，我妈狠狠训斥了我一顿，说我太不负责任。"

她又说："在大人眼里，我们小孩就是一个学习机器，似乎除了学习，再没有别的事情可以做了。都说童年是最美好的时光，我的童年却是不堪回首的。"

　　父母要想真正地了解孩子，就要听听他的心里话。要做到这一点，需要你放弃大人的成见，客观地认识他的世界，并试着用他的视角来感受他的生活。

成老师心语

　　教育孩子，父母要学会和孩子进行换位思考，从中学习教育的方法和技巧。当他遇到问题时，你能够迅速地从他的位置和角度来看待问题、分析问题，从而有效地解决问题。

　　换位思考，是了解孩子真实想法的一个捷径，当你站在孩子的角度看待问题时，会很容易就能赢得他的信任与友谊，同时快速地拉近和他的心理距离。

营造和谐的亲子沟通氛围

　　和谐的家庭环境既是孩子成材的必要条件，也是良好家庭教育的保证。父母要想培养出身心健康的孩子，就要为他建立和谐的家庭环境。

　　有位网友在提到家庭环境时，说道："在我看来，和谐的家庭环境就是宽松、自由，家庭成员之间由于相互了解而变得十分随意。"

　　他向我讲起最近发生在他家里的一件事情。

　　他出差路过家乡时去看望父母。父亲不在家，只有母亲在，看到他回来，十分高兴。母子俩聊着聊着到了中午，母亲便给他做了他最爱吃的炸酱面。

　　说实话，他现在已经不爱吃炸酱面了，加上当时不饿，一点食欲也没有。可为了不让母亲失望，就硬着头皮吃了一碗。

　　母亲见状，要给他盛第二碗，他推辞道："妈，我吃饱了。"

　　"才吃一碗就饱了？"母亲不相信地看着他，又问，"是不是嫌我做得不好吃？"

　　他立刻说道："好吃，好吃啊。但我确实吃饱了。"

　　母亲不相信："你以前一口气能吃三碗呢。现在怎么只吃一碗？"

　　他没有办法，只好又吃了一碗。母亲又给他盛了第三碗。他硬着头皮又吃下第三碗。他说："吃完第三碗，我心里对自己说，以后我再不会吃炸酱面了。"

我问他："妈妈又不是别人，你完全可以明说啊。"

他叹息道："我妈这个人啊，对我爱得真是过头。我从小到大，她都这么对待我，老是按着她的意愿想我。我要是不顺从她，她不会说我，却总是偷偷自责，或者流泪。"

接着他又说："我妈性格温和，很少发脾气，和我爸关系也好。从我记事起，家里总是充满温暖的气息。可我就是觉得，这种和谐的家庭环境，有时候让我感到窒息。"

我说："真正和谐的家庭环境，是家庭成员之间真正达到心理上的内在的和谐，这是建立在相互理解的基础上的。有了理解，才能真正接纳对方不同于自己的观念、行为和特点。"

他听后连连点头："对，对。我心里向往的就是这种家庭环境。自然、随意，父母不怀疑我说的话，并且能接纳。"

父母的爱是营造家庭环境中最基本的情感。爱意味着主动给予孩子物质、精神、心理上的支持、帮助，即使他长大后有了自己的观念和行为方式，你仍然能接受并理解。这样才能保证亲子关系的和谐发展。

桐桐上五年级时，有一段时间迷上了听流行歌曲。每天一放学，就躲到自己房间听音乐，有时连写作业时都要戴着耳机。

有好几次，妻子要和她说话，但一看到她戴着个耳机，就生气地对我说："你看她现在这个样子，一天到晚地戴着耳机听音乐，成绩不下降才怪呢。"

我笑道："要尊重她的兴趣爱好嘛。"

妻子反对："你以前不是说，孩子是未成年人，父母要给予正确的引导而不是一味地迁就吗？我早就想和她谈谈了，可她戴着个耳机，我说好几句话，她能听进去一句就不错了。"

我说："她戴耳机，是怕影响到家人，说明她是尊重我们的。咱做父母的也要有所表示啊。何不在家里放她喜欢的音乐呢。"

果然，当家里播放桐桐喜欢听的音乐时，她很高兴，主动找到妻子，问道："妈，你也喜欢听这音乐？"

妻子笑道："是呀，不会影响你写作业吧？"

桐桐开心地说："怎么会呢？在这美好的氛围中，我学习的效率会增加好几倍的。"她说到这里，抬头看着妻子，"妈，等我写完作业，咱们能聊聊音乐的话题吗？"

妻子高兴地说："好哇，和女儿边听音乐边聊天，那敢情好啊。"

家庭环境需要家庭成员共同来创造。孩子是家庭成员之一，父母要多采纳孩子的意见来营造和谐的亲子沟通氛围，让他在潜意识里把自己当作这个家的主人。

成老师心语

和谐的家庭环境既是孩子成材的必要条件，也是良好家庭教育的保证。父母要想培养出身心健康的孩子，就要为他建立和谐的家庭环境。

让家庭一直保持进取向上的发展趋势，需要不断有鲜活的因素输入，而这些鲜活因素，就是家庭各成员提的不同意见、建议。父母要针对不同情况完善、改进家庭环境。

做孩子最值得信任的朋友

父母要想和孩子建立良好的亲子关系，首先就得关心、信任、尊重、理解他，要多站在他的角度看问题，这样才能赢得他的信任与友谊，才能更有效地解决问题。

朋友的儿子放学回家后，开始抱怨老师偏心。朋友心里明白，儿子可能在学校遇到麻烦了，因为了解儿子，他知道此时儿子最需要的是他的耐心开导。

他友好地说："我当过学生我知道，有时候，老师确实是有点偏心。"

听了他的话，儿子有点惊讶地看着他，说道："爸，你怎么也会这么认为？"

他笑着说："因为我相信我儿子不会随便生老师的气，其中必有原因。说吧，老师是不是特别狠地批评你了，比我说的话还难听？"

儿子如释重负，仿佛找到了知心朋友一样，毫不戒备地说："那倒不至于，不过，我真不明白，我们老师怎么会这么偏心。我也是他的学生，他怎么就看我不顺眼呢？"

他解释道："老师偏心的原因有三点：一是他偏心的学生，平时表现很好，取得了他的信任；二是他偏心的学生，的确是占理；这三嘛，就是对学生要求过严造成的。"

儿子犹豫了一下，点了点头，说道："那你说我这算第几种啊？今天我上课削铅笔时，老师狠狠地批评了我，说我自己不专心听讲，还影响了其他同学听课。"

他接着又说："以前我同桌在课堂上也削过铅笔，怎么没有说他呢？"

他说："当然是第三种了，对你要求严嘛。他没有说你同桌，可能是没有发现，或是发现了，但你同桌削铅笔时，没有影响到其他人吧。我说得并不一定对，只是猜测而已。"

儿子听后，说道："我想起来了，同桌削铅笔那天迟到了，好像是为了照顾生病的妈妈。呵呵，老师挺能替我们着想的。我以后再也不上课时间削铅笔了。"

信任是父母与孩子良好沟通的前提，不信任会使亲子关系中出现抵触和逆反，从而直接导致孩子不听话行为的产生。父母要尽最大的努力来获得他的信任。

小时候，每当我有了什么心事，都不愿意和好朋友讲，而是喜欢和母亲讲。不管是什么事，母亲听后，都会笑着对我说："谢谢你告诉我这些。"

有一次小考，由于老师不在，许多人都偷着翻书看。一向不作弊的我，见周围的同学都在这么做，也忍不住偷看了。奇怪的是，那次小考，是我考得最惨的一次。

因为我成绩一向很好，见我考得这么不好，老师点名批评了我，并让我回家写成绩下降的原因。

其实只有我自己知道，因为第一次作弊，我心情十分紧张而将答案抄错了。可这些实情，不能对别人说，更不能写给老师看。

那天放学回家后，我心情抑郁极了。母亲看我不高兴，笑着问："你现在有时间吗？"

我点点头。她又说："我今天遇到不开心的事情了。这件事情，只有你能帮我。"

母亲的信任让我来了精神，便说："你讲吧，什么事？"

母亲真诚地说："我看到我儿子不开心，我也不开心，你能告诉妈妈为什么不开心吗？当然，你可以选择不说。"

母亲的话让我感受到倾诉的欲望，于是，我毫不犹豫地讲出了心里的话。

母亲默默地听着，然后温和地说："儿子，妈妈当年和你一样，也遇到过类似的问题。但你长大了，比我有主见，我相信你会处理好这件事的。"

母亲的话，不但让我心情舒畅，还让我充满了信心，同时我也意识到，要想改掉不再抄袭的坏毛病，就要如实地写给老师看。

这就是我为什么喜欢把心里话讲给母亲听的缘故。我说出来的目的，不是为了获得答案，而是享受母亲对我的高度信任。因为信任，她不会因为我犯的低级错误而训斥我。

每个孩子都喜欢和父母沟通，关键是你要努力成为他最值得信赖的朋友。当他把心里话讲给你听后，你要给予真诚的理解和有效的指点，只有这样，他才愿意和你讲心里话。

几年前，我拜访教育界一位前辈时，他说过这么一句话："父母要想和孩子处好关系，多交流是基本条件。这就需要大人抽出时间来，定期和孩子聊天。"

他说，只有和孩子多交流，父母才会"懂"得孩子的需求。他向我讲起他小时候的一件事情。

小时候，他父母工作很忙，有时连春节也要加班。当时，亲戚朋友建议把他送到乡下爷爷奶奶家去。父母没有答应。

他说："别看父母工作这么忙，但我却觉得他们一直陪在我身边。"

原来，父母和他有个"约定"，那就是，不管多忙，父母每周都会挤出时间，和他进行几次交流。周一、三、五的晚上，父亲会抽出十分钟和他聊天；周二、四、六晚上，母亲和他聊。

如果碰到他们忙，实在抽不出时间时，父母就会给他写信。他说："记得我第一次看到父亲写给我的信时，心里快乐极了。"

正是这种定期的沟通，让他和父母建立了深厚的感情。他和父母的关系一直很好。他遇到什么事情，总是第一时间找父母商量。

深厚的感情基础是亲子互动的前提，当父母和孩子的感情达到最佳状态时，就到了"心有灵犀"的境界。这种感情是你和孩子终生保持良好亲子关系的秘诀。

成老师心语

父母要想和孩子建立良好的亲子关系，首先就得关心、信任、尊重、理解他，要多站在他的角度看问题，这样才能赢得他的信任与友谊，才能更有效地解决问题。

多和孩子像朋友那样交流，一方面会让他知道，他在你心里的位置有多么重要；一方面你可以通过和他聊天，了解到他很多信息。这样你在和他沟通时，说出的话才不会让他反感。

主动向孩子讲讲你的心里话

从孩子的角度来说，父母只有放下架子，多和他讲讲大人的事情，才会让他更快地接受、理解。但同时要注意营造融洽的氛围，注意你说话的方式、方法。

几年前，有位家长向我咨询，问怎么做，才能让孩子把心里话讲出来。她说儿子今年上小学四年级，性格很开朗，虽然在人前话很多，但就是不爱和她说话。

我问她："你是不是对他管得很严？"

她说道："应该不算太严。有一次我听他对同学说：'你妈对你管得太紧了，这一点，我妈要好得多。'"

我又问她："平时你和孩子聊什么话题？"

她说："就是他的学习情况啊。"

我说："你有没有向他讲过你的工作情况？比如你在工作中遇到的麻烦，或者在生活中遇到的不顺心的事情，也向他讲一讲。"

她一怔，接着说道："这些话，我可从来没跟他讲过。再说了，他一个小孩子，让他知道这些干什么？小孩子还是要单纯一些的。"

我说道："你这么想就错了。我们当父母的，总是在孩子面前扮演强者的角色，以为这样才能在他面前树立威严的形象。其实不是这么回事。孩子也想看到父母软弱的一面。"

她更加不解了，说道："让孩子看到父母的软弱，岂不是让他觉得父母很无能？"

我解释道："偶尔向孩子示示弱，你才是有血有肉的父母，这样当他遇到解决不了的事情时，会想到求助于你，因为他知道，在他眼里很厉害的父母，曾经也遇到过困难。"

她听后，恍然大悟："你的意思是，父母如果总以强者身份出现，会让他感到有压力，觉得父母无所不能。当他遇到困难时，就害怕讲给父母听，会遭到父母嘲笑。"我笑道："这就叫'患难'的亲子关系。这种关系，会让孩子更信任你。"

父母偶尔向孩子讲讲心里话，不但能获取他的信任，同时你的这种做法也会影响到他，当他有了心事时，就不会闷在心里，而是来找你倾诉。

桐桐小时候，有一次，她的老师打来电话，说桐桐在幼儿园跟一个小朋友抢玩具，因为对方比她小，她把那个小朋友打哭了。老师批评了她。

那天她从幼儿园回来，显得很不开心。妻子问她："桐桐，今天在幼儿园遇到什么不愉快的事情了吗？"

她看看我，又看看妻子，淡淡地说道："没有啊。"

我和妻子一愣，不明白她为什么要撒谎。妻子很着急，连声问道："你今天真的没有和小朋友吵架？你再想一想，有没有小朋友和你抢玩具——"

"我说没有就没有。"桐桐一边说，一边往自己房间跑去。

妻子还想去问，我拦住了她，对她说："让我来问她吧。"

我来到桐桐房间，她正在玩积木，看到我，就站起来不玩了。当我说要和她一起玩时，她不高兴地说："我不会和爸爸玩的！"

我问："为什么不和爸爸玩？"她说："爸爸比我会玩积木，桐桐好笨。"我笑着说："谁说桐桐笨了？"她想了想说："桐桐什么也做不好，你和妈妈，什么都做得很好。"

听了桐桐的话，我才明白她为什么不说实话，就耐心地对她说："桐桐说错了，爸爸也有件事做错了。我告诉你，你别笑话我，也不许告诉妈妈和奶奶啊。"

她很严肃的样子，小声向我保证："你说吧，我谁也不会告诉的。"

我就在她耳边轻轻地说："爸爸前天做错了一件事，出版社让我写的那本书，出了好多错，编辑好一顿批评我，我好丢人呀。"

她听后，小大人似的安慰我："爸爸，别难过。桐桐今天也挨老师说了。"然后向我讲起她在幼儿园遇到的事情。

父母要在孩子面前褪下"完美"的光环，这就要求你必须真诚地敞开心扉，把你自己的真实思想和感受告诉他。这样你才能让他觉得，你是一个平易近人、可以说心里话的人。

有个朋友，向我说起他的父亲时，说道："小时候，我最喜欢听我爸讲那句话，'儿子，帮爸爸出个主意吧。'"在听到这句话时，他就很兴奋，因为终于有机会"帮助"父亲了。听完父亲的"麻烦"事情，他就开动脑筋，替父亲想各种对策。每一次他都能为父亲想出解决的好办法来。

他说："当我爸说我的建议把他最棘手的问题解决了时，我就感到从未有过的成就感。自然在心里把我爸当作知心朋友。我遇到不开心的事情时，也会在第一时间告诉他。"

他上小学五年级时，对班上一位女同学产生了好感。他心里明白，这是早恋，是不能触及的"地雷"，可他就是管不住自己的心，每天都在想念她。那段时间他的成绩一落千丈。后来他决定把这件事告诉父亲。之所以选择父亲，是觉得父亲不会笑话他。因为父亲也跟他讲过很多"秘密"。

果然，当他吞吞吐吐地把"心事"讲给父亲听时，父亲笑着说："儿子，这没什么大不了的，到了你这个年纪，不喜欢女孩才不正常呢。关键是如何处理好这件事。"

父亲的话，让他心里的石头彻底放下，他忍不住问："爸，你觉得这事怎么处理好呢？"父亲郑重地问他："你真的喜欢那个女生吗？"

他点点头。父亲说："我给你提个建议，你可以采纳，也可以拒绝。咱是男子汉，要为喜欢的人负责。你要是能保证自己永远喜欢她，断定她也喜欢你，就去向她表白。"

他立刻说："我这么小，哪能保证长大以后也喜欢她呢？还有，我才不敢向她表白呢。"

父亲笑了："这些你都做不到，还谈什么喜欢？儿子，我告诉你，爸上小学、初中、高中、大学都有喜欢的女生。知道我是怎么做的吗？"

他惊喜地问："怎么做的？"父亲大声地说："好好学习，好好表现，等长大后出息了，你再去找她。这才证明你是真的喜欢人家。"

直到此时，他才顿悟，喜欢一个人，并不是那么简单，要负责，要经历岁月的考验。

他说："自从那次和父亲谈话后，我再也没有为类似的事情苦恼过。"

在孩子成长的过程中，父母在为他提供物质生活的同时，还要做他的心理导师。这就需要你平时多与他谈心，既谈他的事情，也谈你的事情。这样才能得到他的支持。

成老师心语

  父母是与孩子相处时间最长的人，在教育他的过程中，要想真正了解他，就要在生活中注意观察他，随时掌握他的心理感受、情感波动，用正确的心理知识引导他。

  从孩子的角度来说，父母只有放下架子，多和他讲讲大人的事情，才会让他更快地接受、理解。但同时要注意营造融洽的氛围，注意你说话的方式、方法。

信任并暗示孩子他能行

不管孩子表现如何差劲，你都要相信孩子能够做好，多给孩子一些展示其特长的机会，并经常暗示孩子能行，以增加孩子的自信，从而帮助孩子走向成功。

一天，桐桐看我在数钱，想吃零食了，就问："爸爸，给我点钱去买好吃的吧。"我抬头看了一眼女儿，虽然她已经认识了钱的大小，但从来没有单独出去买过东西。

我犹豫着，不敢让桐桐自己去商店。

"爸爸，相信我，我都和妈妈一起去买过很多次了，不会有问题的！"桐桐看出了我的心思，像个大人似的安慰我。

我也想让孩子亲自试一下，就递给桐桐十元钱，叮嘱她下楼时慢点，顺着路边行走，买完后及时回家。

桐桐一一点头，接过钱蹦蹦跳跳地走了出去。我还是不放心，就悄悄地跟在桐桐后面。

一路上，桐桐沿着路边走，路上看见一个熟人，还打了声招呼。看到这些，我心里踏实多了。我不想让桐桐看见我的身影，就及时转身回家了。

不大一会儿，桐桐就回到了家，手里拿着"好吃点"——这是她最爱吃的零食。桐桐把剩下的零钱递给我，自豪地说："爸爸，你看，我会买东西了吧？"

"桐桐真棒。家里以后缺什么小物品，就由你来负责买，好吗？"

"好！"桐桐听了我的赞赏与吩咐，高兴地答应着。

你可能认为孩子小，不敢让孩子尝试着做事情，不相信孩子能够把事情做好，什么事情都替孩子去做，这样孩子不仅会依赖你，对自己也会失去信心。

所以，你应该信任自己的孩子，并让孩子尝试着去做，孩子只有去做了，才能做得好。永远不去做，就什么也不敢做，最终什么也不会做。

记得桐桐三岁左右的时候，有一次要自己拿着杯子喝水。妻子不敢放手，害怕她拿不住，杯子摔坏了，划着自己的手。

但是桐桐执意要自己拿，并且用哭进行要挟。我想孩子既然要自己拿杯子，虽然是小了点，但也可以尝试一下。于是，我倒入小半杯凉开水，然后把杯子递给桐桐。

"啪"地一声，杯子从桐桐手中滑落，摔在了地上，碎了。桐桐胆怯地站在原地，不知所措。

妻子很生气，刚想训斥桐桐，我急忙说："不要紧，桐桐再试一下，我教你用正确的方式拿杯子，它就不会摔破了。"

接着，我拿起另外一个杯子，往里面倒了一点水，先给桐桐做个拿杯子的示范，然后让桐桐左手拿着杯身，右手托着杯底。

桐桐用双手小心地握着杯子，把水送到了嘴边，喝了第一口水。接着抬头看我，眼睛发亮，脸上流露出无比开心的笑容。

孩子初学做事情，开始有可能会以失败告终，这时候，你切不可大惊小怪，更不要对孩子进行训斥，否则孩子就会失去信心，有可能不愿意再进行尝试。

因此，面对孩子的第一次失败，你应该指导孩子用正确的方式去做，并鼓励孩子再来一次。哪怕孩子接连几次都失败了，你还是要鼓励孩子继续做下去。信任孩子一定能够做好，孩子最终就能达到目标。

我在一本教育书中，看到这样一个事例。

有一个男孩，读初一，平时成绩一直不太好。这个孩子觉得自己不是上学的料，准备混到初三毕业就算了。

男孩的母亲深信孩子不笨，为了使孩子增加自信，她不仅经常暗示孩子能行，有一次还特地请了一位算命先生，指示他说自己的儿子以后成绩会很快提高，将来一定能考上大学。

算命先生按照这位母亲的吩咐，装模作样地看了看男孩子的手相，又仔细观察了一番男孩的五官，最后一拍手说："这个孩子，生来聪慧，但学习时稍有偷懒，所以成绩平平，但大可放心，孩子今后成绩能够很快提高，而且还能考上大学。"

这位母亲听了，就在一边附和着说："先生算得真准，我也是这样认为，多给你一些钱。"说完此话，递给了那位算命先生二十元钱。

男孩听后有些激动，眼里闪现出异样的神情。

自从这位算命先生给男孩算过命之后，他的成绩果然提高得很快，最后还真被一所大学录取了。

成老师心语

孩子笨不可怕，不用功学习也没有什么，就怕你的不信任、数落与斥责，使孩子丢掉信心，对自己放弃。

所以，不管孩子表现如何差劲，你都要相信孩子能够做好，多给孩子一些展示其特长的机会，并经常暗示孩子能行，以增加孩子的自信，从而帮助孩子走向成功。

允许孩子犯错误

人无完人，每个人都有犯错的时候。所以，对孩子，你不必要求得太完美。孩子正是通过一次次犯错误，一次次纠正错误，才得到新经验，学到新知识，习得正确的行为。

我记得桐桐两岁左右的时候，基本的日常用语都能表达了，但说得却不清楚。我与妻子，因为天天听这种童音，还能明白大概意思。但若换成别人，却多半都听不懂。

为了使桐桐的话谁都能听明白，避免她再犯类似的错误，听见桐桐什么说得不对，我就一遍遍不厌其烦地纠正，但是，桐桐的改进好像不大。

有一次，我与朋友谈话，他讲起了自己的儿子。桐桐在一边听见了，也学着说："儿几。"朋友听后问我："桐桐说的什么呢？"

我感觉十分尴尬，等朋友走后，我就开始教桐桐"儿子"这个词的正确发音，教了将近二十遍，桐桐的发音还是没到位，依然说"儿几"。

我十分生气，冲着桐桐大声说："你怎么这么笨呢？！"

桐桐看着我，有些害怕，努力张口想发得准确，但声音出来后还是"儿几"。我没有再继续教下去，但心里却不痛快。

后来，我特地查了一下资料，发现孩子在这个年龄阶段，因为生理的原因，发音错误十分正常。

我为自己粗暴对待桐桐的行为感到后悔，以后再也不特地去纠正她的发音，后来桐桐说话就慢慢地清晰了。

孩子所犯的错误，有一些并不是他主观上的过错，而是由于客观生理原因导致。对于孩子的这类错误，你不必要求太苛刻，尽量顺其自然，这样在孩子身上存在的看似错误的东西，随着他年龄的增长，就会逐渐减轻、消除。

孩子普遍都有强烈的好奇心，桐桐也不例外，而且比一般的孩子更强烈，她不仅好奇，而且还喜欢探究原因。

有一次，我用手机播放歌曲。桐桐侧着耳朵，好奇地听着。过了一会儿，只听已经不能满足桐桐，她走到我面前要手机。

我以为她只是想更加清晰地听歌曲，就把手机递给了她，并叮嘱她要小心，不能摔坏了。交代完我就去做别的事情了。

等到我回来，却看见桐桐正使劲地用手抠手机，还不停地拿着手机向别处敲打。我急忙上前阻拦住桐桐的破坏行为，质问她说："你要干吗？"

"爸爸，我想看看声音是从哪里出来的，里面有没有小人。"桐桐抬头看着我，一点都没有意识到自己这样做的后果。

我本来想批评桐桐一顿，但看她一脸懵懂的表情，知道那样做徒劳无功，有可能还会打击桐桐的好奇心。于是我蹲下身耐心地给桐桐讲了录音、播放等等程序。

桐桐听后，虽然还不太懂，但已经不会再拆开手机寻找声音的源头了，破坏行为也因此停止。

孩子小时候，对什么都好奇，有可能因此而产生破坏行为，把一些东西摔破、打坏。孩子正是通过这些行为，来了解各种物品，认识这个世界的。

所以，当你面对孩子所犯的这类错误时，不要对他批评指责，应该给孩子耐心地讲解，使孩子的好奇心得到满足，这样能减少孩子的破坏行为，还可以帮助孩子将来更好地发展。

　　有些父母，经常抓住孩子丁点儿错误，就对孩子大肆批评、痛斥，这样做的结果，往往会导致孩子做事畏缩，什么事情都不敢去做。

　　朋友刘娟就是这样一个人，特别追求完美。举一个例子，她家里打扫得十分干净，物品放得是井井有条。刘娟要求女儿云云玩耍的时候，不能弄脏衣服；玩了玩具之后，每一件都要放回原处。

　　如果哪一次孩子没有达到要求，刘娟就会数落、痛斥孩子，有时候还会没收玩具。

　　其他事情也是这样，刘娟要求孩子很严格，不允许女儿犯任何错误。这样时间一长，云云想做什么事情，都会先看妈妈的脸色，若是妈妈高兴，才会开口问，才敢去做。更多的时候，则是安安静静地坐着，失去了孩子应有的活泼。

　　这样看表面上好像孩子错误少了，但事实上，孩子一旦做事，错误会更多，挫败感也会更强，有可能因此还会变得自卑。

成老师心语

　　人无完人，每个人都有犯错的时候。所以，对孩子，你不必要求得太完美。孩子正是通过一次次犯错误，一次次纠正错误，才得到新经验，学到新知识，习得正确的行为。

　　所以，你只有遵循孩子的自然成长规律，允许他犯错误，才能培养出更具发展潜力的孩子。

允许孩子有自己的隐私

从今天起，别再探究孩子的隐私，而要开始信任、尊重他。也许哪天，你会发现，抽屉上的那把锁没有了，而你和孩子心里的锁也就打开了。

前不久接到一位妈妈的求助电话，还没开始说话，就听到了那边的抽泣声。当时我的第一反应是她的孩子做错事，惹她生气，她不知道该怎么教育孩子了。可是，等她讲完，我发现自己的猜测错了：不是孩子错了，是这位妈妈做错事情了。

她的女儿湘君今年读初二，是班里的语文课代表。湘君的语文成绩在班上总是第一名，回家之后，经常会以很崇拜的语气和妈妈说语文老师有多好。

当时，这位妈妈就觉得有些不对劲。因为湘君的语文成绩很好，数学成绩却一团糟，莫非……"师生恋"三个字出现在她的脑海中。于是，她按照自己的臆想，在生活中寻找蛛丝马迹，果真被她找到了。

她所谓的蛛丝马迹就是湘君的抽屉上锁了。等湘君去上学后，她撬开了湘君的抽屉，在里面发现了一个日记本，但是她没想到，日记本也是上锁的。这让她很生气，断定女儿肯定早恋了。

湘君回家后，看见妈妈拿着自己的日记本，她立即就火了："你怎么可以动我的东西？你经过我允许了吗？"

"你都是我生的，我看你的东西还要经过你的允许？笑话。"她冲湘君说。

湘君觉得她不可理喻，就将自己关在屋子里，不论谁敲门，她都不开。

"成老师，你说我该怎么办啊？我还不是为了她好，怕影响她学习吗？她怎么那么不懂事呢？"她着急地说。

我心里想说：其实不懂事的不是孩子，而是你。可是我没说出口。

"你别着急。孩子对老师的崇拜是可以理解的，她现在处于情感萌芽阶段，肯定不希望你将她的隐私暴露无遗。你将她的小秘密挖掘出来了，她会觉得你一点都不尊重她。"

"嗯，你说得有道理。"她的情绪稳定下来，和我交流着。

"你应该去试着和她沟通一下，给孩子道个歉，和孩子说清她的主要任务是学习，不要将崇拜和爱慕混为一谈。你要向孩子表达你对她的信任，相信孩子会处理好。最为关键的是，你今后千万不要再随便动女儿的抽屉了。"我接着对她说。她答应了，然后挂了电话。

不久她又给我打来电话，说她按照我说的去做了。她好好地和湘君交谈，湘君也理解了妈妈的苦心，母女俩之间的误会才得以解除。

其实，不只是进入青春期的孩子有被父母尊重隐私和秘密的需求，就连几岁大的桐桐都有这样的需求。

那天，我想帮桐桐打扫一下卫生，就直接进了她的屋子。可是，桐桐的反应很激烈："爸爸，你进来怎么也不敲一下门啊？"

"房间这么脏还不让我帮你收拾啊？"我不顾她的抗议，拿起扫帚就开始打扫。

"你看见我房门上的'请勿打扰'了吗？不要随便进我的屋子，要进来也应该先敲门啊。万一我在换衣服多不好啊，我是女生，你是男生。"桐桐一本正经地说道。

我心说："呵呵，小丫头也知道保护隐私了。"为了让小丫头心里满足，我又走出去，特意重重地敲了敲门，一边敲一边喊："桐桐大小姐在家吗？爸爸要进来了！""在家。请进！"桐桐也高声说。

我得到允许后进来，看到小丫头在笑嘻嘻地冲我做鬼脸。

随着孩子的渐渐长大，孩子的自我意识也会慢慢增强。父母应该理解并照顾到孩子的自尊需求。

这让我记起了之前看到过的一件事。

一位妈妈，和她儿子的关系很好。有一天，妈妈在儿子朋友那里得知他对一个女孩有意思。她并没有着急，而是寻找机会准备和儿子好好谈谈。

那天吃饭后，妈妈对儿子说："儿子，我听说你和一位女生走得很近。"

"嗯，是的，妈妈。我觉得她很好。她也觉得我不错。"儿子没有否认，坦然地对妈妈说道。

"儿子，那个女生觉得你不错，说明你很优秀。但是你的眼光就仅仅局限在这个小县城里吗？我相信肯定不会吧。等等吧，等你哪天要去市里发展了，要去省里发展了，或者去国外发展，到那时候再做决定吧。"

妈妈的话让他很受启发，他自己也说："那我就等等再说吧。"

这无疑是位聪明的妈妈，她没有和其他父母一样，对孩子采取跟踪、调查、查看日记、信件等方式，而是用温和的方式送给了儿子一个人生忠告。这是值得你学习的。

成老师心语

如果你不懂尊重孩子，就不要埋怨孩子给抽屉上锁。从今天起，别再探究孩子的隐私，而要开始信任、尊重他。也许哪天，你会发现，抽屉上的那把锁没有了，而你和孩子心里的锁也就打开了。

学会和孩子商量

学会和孩子商量，你会发现，你和孩子之间无谓的争吵变少了；孩子在你眼里，变得乖巧了；你在孩子眼里，也变得容易亲近多了。

一个周末的早上，妻子冲着桐桐的房间喊道："桐桐，赶紧起床了，妈妈带你出门玩！"本以为桐桐会很快起床，可是过了好长时间，桐桐那边还是没有动静。

急性子的妻子直接走进桐桐的房间，把桐桐从床上"揪"了起来："我和你说话，你怎么不听？不是说了要带你出去吗？"

"妈妈，您要带我出去，昨天晚上怎么不和我商量一下啊？我和妞妞说好，今天去她家玩过家家游戏呢。"桐桐和妻子理论道。

"不行，你今天要和我去，我都和你王阿姨说好了，她带着小迪，我带着你，咱们一起去参观博物馆。"妻子不由分说，将桐桐从床上拉下来。

妻子对桐桐很严厉，一般情况下，桐桐也很听妻子的话。这一次，桐桐拗不过妻子，跟着妻子去了。

可是，晚上回来之后，妻子就开始埋怨了："这个孩子，一天都沉着个脸，不说不笑的。给她买她喜欢的薯条，她也不吃，真是个小祖宗。"

我不禁笑了出来，对妻子说："这件事情怪不得别人，要怪，也要怪你。你不跟孩子商量，只知道给孩子下通知，孩子还有自己的安排呢！你不让她自己安排，她肯定不高兴啊。"

妻子想了一会儿，说："看来，以后有事情还真是要和桐桐商量呢。"

说到和桐桐商量，我就想起之前买房子的事情，最初也没和桐桐商量。

家里的房子小，我和妻子都想换个大点的，周末的时候去看了几个开盘的房子。期间，我们看上了一处虽然有点偏，可是交通、购物都还方便的房子。

我们没有告诉桐桐，可是在无意间说话的时候，被桐桐听见了。

那天，桐桐一本正经地对我说："爸爸，你不能买那个房子。"

我和妻子面面相觑，谁也没和桐桐说这件事情啊。

"为什么啊？"我问桐桐。

"我班上小朋友乐乐说他爸爸也想买那个房子，可是那里要建化工厂，污染很严重，不能买。他家现在就不买了。爸爸，什么是污染啊？"桐桐说。

我还以为桐桐在说着玩，也没当回事。可是，后来经过打听，才知道桐桐说的是真的，那里真的要建化工厂。

"桐桐立了大功了。"妻子打趣地说。

"那以后你们有事，要记得和我商量啊。"桐桐像个小大人似的对我们说。

和孩子商量，孩子会觉得和你的地位是平等的，你把家里的事情告诉孩子，自然会唤起孩子的责任感。你用商量的语气，孩子也会受到尊重，进而乐于听你的话，对孩子的教育也会变得轻松。

在教育桐桐的过程中，我还有这样的体会：有时候，我要求桐桐帮我做事，不管我怎么说，她都听不进去，不会帮我去做，或者是她听见了，却故意做错。是桐桐的能力有问题？

一次偶然的机会，我知道问题出在哪了。

有一天，我下班回家，忙了一天，感觉很累，我一下坐在沙发上，然后对桐桐说："去给我把拖鞋拿过来。"

桐桐正在玩游戏，好像没听见我说话。我当时实在是不想动，就说："桐桐，今天爸爸太累了，你可以帮爸爸把鞋拿过来吗？"记得当初，我是用温和的请求的语气和桐桐说的。

没想到，玩游戏的桐桐听见我这样说，立即放下手里的玩具，跑过去拿过来拖鞋，还很懂事地帮我脱下皮鞋，换上拖鞋，并且她还将皮鞋放进了鞋柜。

"桐桐，你长大了，知道照顾爸爸了。爸爸真高兴。"

成老师心语

其实，和谐的亲子关系，只需要你改变一下说话的语气和态度，孩子就会听你的话。真正将孩子看成独立平等的个体，你的"商量"，会换来孩子的尊重和听从。

学会和孩子商量，你会发现，你和孩子之间无谓的争吵变少了；孩子在你眼里，变得乖巧了；你在孩子眼里，也变得容易亲近多了。

第四章

爱孩子是一种修行

不能让爱成为孩子的负担

　　每个父母都爱自己的孩子，这是毋庸置疑的。但对待孩子，仅有爱心是远远不够的，有些爱是有害的，孩子需要的爱才是正确的爱，不需要的爱只会成为孩子的负担和伤害。

　　在网络 QQ 上，一个小学生的母亲曾向我咨询。

　　这个上小学的女孩从小体弱多病，但她很喜欢唱歌、跳舞。小时候，她曾对妈妈说自己想成为一名歌唱家。而妈妈发现女儿也有点艺术天赋，就也一心想把女儿培养成艺术家。

　　于是，这位妈妈不顾丈夫的反对，辞职在家，全心全意照顾女儿，想要帮助女儿实现艺术之梦。

　　妈妈为了女儿真是付出了一切。她把所有的希望都寄托在了女儿身上，把几乎所有的时间和精力都放在了女儿身上。她放弃了自己的事业，放弃了娱乐和个人的生活空间，一心一意地照顾女儿的生活起居，陪伴女儿参加各种音乐辅导班、各种娱乐竞赛活动。

　　最初，女儿还热情高涨地配合妈妈，但时间久了，她就开始厌倦了。原来，她仅把唱歌、跳舞当作一种课余爱好，并不是真的想成为艺术家，而妈妈在这方面对她的要求则很高。

在 QQ 上，这位妈妈很委屈地对我说："我牺牲那么多是为了什么？还不是为了她好啊？我放弃了自己的事业，放弃了自己的时间和生活圈子，一心照顾她，可她还不满意，唉！"

看着电脑屏幕上妈妈发过来的文字，我一时不知道该说什么。

"我闺女说，她最烦我说'我都是为了你好'这句话，还说我只是为了自己的面子，为了自己年轻时的艺术梦想才这样做，这真是冤枉我啊。我本来就是为她好嘛，我是为了她有一个好的前途。

"我每天照顾她吃好、喝好、睡好、学习好，什么事都不让她做，连鸡蛋壳都给她剥好，这不是为了她好吗？我那么爱她，可她怎么就不理解呢？唉！"

经过与这位妈妈短暂的交流，我想，她女儿或许说出了妈妈潜意识里的想法：妈妈很可能就是为了自己未完成的艺术梦想才这样做的。

想到这里，我对这位妈妈说："孩子其实很反感父母说'我都是为了你好'这句话。我相信你很爱自己的孩子，但或许对您女儿来说，您的爱太多了，这让她感觉很有压力，甚至感到窒息。"

相信很多父母都非常爱自己的孩子，并无怨无悔地为孩子付出很多、牺牲很多，且总是说"都是为了孩子好"。

但这句话常常具有欺骗性。因为，有时父母付出的爱并不是孩子需要的爱，父母只是在一厢情愿地付出、牺牲自己，这样，父母的爱对孩子就成了一种负担。

桐桐的表姐芳芳是个很有主见的中学生，一次，芳芳班里举行郊游、拉练活动，学校老师的目的是训练孩子们吃苦耐劳、面对困境独立解决问题的能力。

但是，芳芳的妈妈担心女儿受苦，刚开始她不想让女儿参加这样的活动，但拗不过女儿，最后还是同意了。

芳芳临行前，妈妈在女儿的旅行包里装上各种旅行常用物品：食物、雨衣、太阳帽、厚一些的衣服、薄一些的衣服、矿泉水，等等。

芳芳一再阻止妈妈给她装那么多物品，但是，妈妈也一再说："去那么艰苦的地方，没有吃的怎么办？变天了怎么办？遇到困难怎么办？找不到人帮忙怎么办……"

芳芳辩解说："老师就是为了让我们在艰苦的环境里得到锻炼，才组织这样的活动的。老师不允许我们带太多东西，否则活动就没有了锻炼的意义。"

"现在生活条件好了，有必要锻炼吗？我可都是为了你好，现在你们没有必要再去受这种苦，你们老师也真是吃饱了撑的，多此一举！"

芳芳生气地反驳妈妈说："你不要说是为了我好，你给我带这么多东西，我这么搞特殊，让老师和同学怎么看我？他们不笑话死我了？"

父母爱孩子，舍不得让孩子吃苦受累，这可以理解。但父母这种爱并不是理智的爱，只有设法让孩子在困难的境遇中得到锻炼，提高孩子的自理和自立能力，让孩子学会独立去面对生活，这才是真正的爱。

我有一位朋友，他的妻子是一家公司的会计，非常爱自己的女儿，却不知如何更好地爱她，常常会弄巧成拙。

因为朋友妻子的单位离家很近，中午空闲时间又多，为了让读中学的女儿吃上可口的饭菜，她决定每天中午给女儿做饭、送饭。

中午下班后，她先是急忙回家做好饭，自己匆匆吃上两口，然后将给女儿留出来的饭菜装到饭盒里，骑车给女儿送到学校去。

就这样，妈妈每天中午往返于单位、家、女儿的学校之间，很辛苦，也很紧张。

但是，女儿似乎并不愿意妈妈这样做。因为每次妈妈为她送饭时，她还在一旁看着自己吃，并像对待小孩子一样不停地劝她多吃肉、多吃菜，每次她吃饭时同学都已经吃完了，他们时常在一旁议论这母女俩。

而且，妈妈每次送饭到女儿学校的时候，她满头大汗、衣衫不整、头发凌乱的形象也成为同学们嘲笑的对象。

这些都让女儿觉得很尴尬，回到家，她就对妈妈发脾气，并多次提出要吃学校食堂的饭。

听到女儿说的话，妈妈不以为然，她数落女儿说："在学校吃不好，我辛苦一点，给你做饭、送饭，吃着放心。我的形象怎么了？你搞特殊怎么了？我还不是为你好？别理你同学那一套……"

很多中学孩子都希望得到同伴的认同，希望与同伴保持一致，如果不能与同伴保持一致，孩子就会感到自己游离在同伴群体之外，哪怕他的言行是正确的。

虽然朋友的妻子因为爱女儿、为女儿的身体健康考虑而那样做，但这种做法却伤害了女儿，并没有考虑到女儿的心理健康。

成老师心语

很多父母都很"无私"，都非常爱自己的孩子，为孩子甘愿付出一切，牺牲一切。但这种做法或许并不能换来孩子的理解，也不能真正帮到孩子。

不可否认，这些为了孩子牺牲自己的父母，真的很伟大，他们真的非常爱自己的孩子。但是仅有爱心是不够的，爱还要有智慧，明白如何爱才是明智的，才是对孩子成长有益的。

爱孩子也要顺应孩子的天性

真正健康的爱要顺应孩子的天性，是孩子需要的爱，并且有利于孩子的身心成长。健康的爱是孩子最好的精神营养。

一次，与一位出版社的朋友闲聊，聊起了孩子的教育。

朋友说，他哥哥的儿子一次因为看课外书而忘了写作业，第二天上学前，因不好意思跟老师解释，就央求妈妈说："妈妈，等我到了学校，上课前你给我老师打电话说一下，就说我把作业本忘在了家里。"

朋友的侄子知道妈妈赞成他广泛阅读，且对老师为学生布置太多家庭作业也有意见。他希望妈妈这次能帮他说情，让他能够免于被老师批评。

对这个问题，妈妈希望儿子能自己去跟老师解释清楚，自己找出解决的办法，她不希望儿子什么难题都要父母出面帮助解决。因此，妈妈对儿子说："你现在已经是个小学生了，虽然我不赞成老师布置很多家庭作业，但也不赞成你一点作业也不写。"

顿了一下，妈妈又说：

"对于你没完成作业这个问题，我不能帮你，我认为应由你自己去面对，你自己想办法去解决，你自己跟老师解释清楚。如果你什么问题都要我帮你解决，你就什么事情也学不会，什么问题都不会解决。"

由于没有完成作业而怕挨老师批评，这对成人来说可能是一件微不足道的小事，但对于刚上学的孩子就是一个难题。

面对这样的难题，父母要让孩子自己想法去解决，因为学习是他自己的事情，理应由他自己去面对。

在成长中，孩子总会面临一些困难。这些困难容易给孩子带来不快，导致孩子不愿意为自己担责任，而总是依赖父母的帮助。

真正有利于孩子成长的做法是：父母不代替孩子去解决难题、消除困难，而是鼓励孩子独立去面对难题。因为独立克服困难、解决问题的能力是孩子独立生存必备的条件。

小晴是住在我们小区里另一栋楼上的一个十一岁女孩，她特别喜欢吃肯德基，每隔几天，兜里有了一点零花钱，她就自己偷偷跑到肯德基店去大吃一顿。

可小晴的妈妈不希望女儿吃太多洋快餐类的垃圾食品，就限制女儿吃肯德基，规定她每月最多只能吃一次。

但小晴对妈妈的"禁令"不理不睬，时常攒够了零花钱，就又偷偷跑到肯德基店去吃。后来，妈妈发现了女儿的这一行为，很生气，就提出：减少给她的零花钱。

好吃的小晴每次走过家门前的肯德基店，都抵不住美食的诱惑。见妈妈不松口，她转而去求助非常疼爱她的姥姥，让姥姥瞒着妈妈带她去吃肯德基，或让姥姥偷偷给她钱。

但小晴并不知道，妈妈早已和姥姥、爸爸商量好，在这件事上不能对小晴妥协。因为小晴的体重已经超标，他们知道，坏习惯、不良的生活方式会对孩子的健康产生很不利的影响。

因而，姥姥也始终拒绝外孙女的要求，并想方设法地研究食谱，努力做出又有营养又可口的饭菜，帮助小晴养成健康的饮食习惯。

有些父母，由于对抚养和教育孩子的方法知之甚少，常常对孩子采取错误的教养方式，或仅满足孩子眼前的需求，而采取某些不利于孩子健康成长的做法。

真正对孩子有益的爱和养育，是有利于孩子的身心健康发展的，有利于孩子的人格健全发展的。父母要从孩子长远的发展考虑，给予孩子健康的爱和教育。

楼下的邻居强强一天放学后独自在楼前踢球，不小心将球踢到了一楼住户的窗玻璃上，玻璃被砸碎了。

强强见周围没有别人，就赶紧抱起足球溜回了家。

一直待业在家的强强妈妈见儿子刚踢了一会儿球就回家来，觉得奇怪，往常他都要玩很久，不等妈妈喊他，他是不会回家的。

妈妈问强强："你今天怎么这么快就回来了？遇到什么事了吗？"

"没事，我就是不想踢了。"强强装作若无其事地回答说。

强强妈妈不愧是火眼金睛，她看出了儿子眼中的不安，就又一次问："到底怎么了？你一定有事，告诉妈妈。"

强强见瞒不过妈妈，就告诉了她事情的原委。

最后，强强对妈妈说："妈妈，你可别告诉我爸爸这件事，要不然他肯定饶不了我，也别告诉一楼那家人他家的玻璃是我砸坏的，否则我就死定了。"

强强妈妈不想帮助儿子隐瞒错误，她希望儿子做一个敢担当的人，希望他能勇敢地面对自己的错误。

于是，妈妈对他说："儿子，我不希望你这么做，我希望你是一个敢担当的真正的男子汉。男子汉就要不怕承担错误，要勇于面对自己的错误，勇于改正错误，你说呢？"

强强最后听从了妈妈的话，主动向一楼那家人道了歉，并用自己的压岁钱赔偿了玻璃钱。

　　培养孩子的责任感，教育孩子有担当，这是对孩子的成长有利的、健康的爱，也是父母的家庭教育责任。

成老师心语

　　健康的食物有利于孩子的身体成长，是促进孩子身体健康成长的有益营养；健康的爱和教育有利于孩子的心理发展，是促进孩子精神健康成长的有益营养。

　　健康的爱包括很多方面，如帮助孩子养成良好的饮食习惯、生活习惯、学习习惯，培养孩子良好的个性、健全的人格，教孩子独立面对自己生活中的每件事情、每个难题等，父母要更多地给予孩子这些有益的爱的营养。

分清孩子需要怎样的爱

父母要分清什么样的爱是孩子需要的，什么样的爱是有利于孩子健康成长的。父母应该设法给孩子需要的、有利于其成长的爱，而不是仅凭一腔热情和爱心去爱孩子。

我与一位读者交流时，她向我讲述了自己处于青春期的女儿带给她的困惑。

她女儿有一次和自己的好朋友闹了矛盾，很苦闷，就想找个人倾诉，希望有人给她指点，告诉她该怎么做。

女儿简单地跟妈妈说了这件事，她本希望能得到妈妈的理解，并希望妈妈能给她一些建议，可她没想到妈妈却背着她，越俎代庖，代替她去解决了这个问题。

这位读者找到了女儿的好朋友，代女儿向她道了歉，最后，她对女儿的朋友说："女孩子家，闹点矛盾也没什么。你也是大孩子了，要学会宽容，别再跟我闺女计较了。"

不知是女孩妈妈的口气不好，还是她措辞不当，她的做法并没有得到女儿朋友的理解。因为后来，女孩的好朋友又一次责怪她，并说："你妈凭什么教训我啊？我怎么不宽容你、怎么跟你计较了？你让你妈来跟我道歉，一点诚意都没有……"

结果，两个女孩的关系更紧张了。

为此，这个女孩跟妈妈闹，她埋怨妈妈说："谁让你去找我的好朋友了？你真是多管闲事！"

这位妈妈很困惑：难道是我做错了？

妈妈的做法的确欠妥，且不说她没有处理好这件事，即使她将事情办得很漂亮，对于青春期的女儿，父母这样的做法也是错误的。

真正爱孩子，父母就要了解孩子真正想得到怎样的关心和帮助，了解孩子需要怎样的爱，而不是仅凭一腔热情和爱心，主观臆断地帮助孩子、为孩子付出。

下面是我从邻居嘴里听到的一对母女的情况，这对母女是邻居家的亲戚。

这个女孩的父母很爱自己的女儿，每天对她嘘寒问暖，也很关心她的学习，对她期望很高。可是，女孩却常常与父母发生冲突，常常抱怨父母并不是真正关心她，不是真正地爱她，因为他们并不了解自己。

对于女儿的抱怨，父母时常觉得很委屈，可他们又不知道女儿究竟在想些什么，不知道自己究竟该怎么做。

为了了解女儿的真实想法，有一次，妈妈偷看了女儿的日记。可就是因为这次偷看日记事件，母女间的矛盾爆发了，两人之间的关系更加紧张。从那以后，母女俩一开口就吵架，最后，女儿干脆不再跟妈妈说话。

相信在有青春期孩子的家庭中，类似上面这样有矛盾和冲突的情况并不少见。

亲子间产生矛盾最根本的原因，是父母不了解这个时期的孩子的年龄特点和心理需求，不了解怎样的教育手段和对待方式才是孩子需要的、是对孩子有益的。在这种情况下，父母对孩子的教育常常只会伤了孩子。

青春期的孩子渴望被理解，但又有自己的隐私和个人空间。他们不希望父母只关心自己的学习和物质生活，而希望父母更加关心和理解自己内心的苦乐和需求。

同样，每个年龄段的孩子都有其独特性和不同的需求，父母要了解不同时期孩子的特点和心理需求，才能明白孩子究竟需要怎样的爱，才能给予孩子正确的爱。

我曾经看过一个电视访谈节目，节目中那位母亲的做法让我很有感触。

一个读高二的女孩失恋了，她马上就要进入高三，正面临着严峻的高考，失恋事件对她的打击很大，让她很痛苦。

女孩的妈妈知道女儿很难过，但她也知道女儿是个明事理、很坚强、很独立的女孩子。得知女儿失恋的那一天，妈妈去了学校，找到了女儿。

课间的时候，妈妈把女儿叫到了走廊的尽头，耐心地倾听女儿讲述她的想法和感受。

在这个过程中，妈妈没有说教，没有指责，她只是拥抱着女儿，让女儿靠在自己的肩膀上，任她哭。

等女儿哭够了，妈妈简单地说："我的肩膀会永远让你依靠，无论你何时遇到了坎儿。我知道，哭过之后，你会明白应该怎么做，也相信你能处理好这件事。"

哭过之后，看到妈妈理解和鼓励的眼神，女孩觉得心情好多了，也增加了面对接下来的问题的信心。

爱孩子，父母也要了解孩子的个性特点，根据孩子的个性特点采取相应的解决问题的办法，给予孩子需要的爱和帮助。

就像上面的案例中，女孩是个明事理、比较独立的女孩，妈妈仅仅是允许女儿哭，让女儿释放情绪，并说了几句简单的、鼓励的话，就会给女儿带来很大的精神力量。

成老师心语

想要正确地爱和教育孩子，父母就要了解孩子究竟需要怎样的爱，要给孩子需要的爱，而不是父母自己认为是正确的爱和帮助。

孩子需要怎样的爱和帮助，与孩子的个性特点、年龄特点、遇到的不同事件等有关，父母要设法了解孩子的内心需求，可通过经常与孩子交流、观察孩子的日常情况及读一些教育学和心理学书籍等途径去了解。

接纳孩子的不完美

　　每个孩子都是不完美的，都有各自的缺点和缺陷，父母爱孩子，就也要爱孩子的这些缺点和缺陷。接纳孩子的不完美，这才是父母对孩子完美的爱。

　　一天下午放学时间，我去接桐桐时，遇到了桐桐班里的一个男同学和他的妈妈，我就和这位陈女士聊了几句。

　　陈女士对我抱怨说，她儿子太内向，不喜欢与人讲话，甚至跟熟人也不太说话，缺少男孩子的那种勇敢、活泼和调皮，受了"欺负"，也不敢维护自己的"利益"，只是自己默默承受委屈。

　　陈女士这样说的时候，她儿子直往她的身后躲，似乎很怕见生人。

　　看得出，陈女士不喜欢儿子的这一缺点，见儿子往自己身后躲，她生气地把儿子拉到前面来，并皱着眉头说："躲什么躲？你成叔叔又不会吃了你。别这么窝囊好不好？"

　　陈女士转而对我说："你瞧瞧，这孩子就这么气人，你说他长大了可怎么办啊？唉！"

　　我猜，这个男孩可能在性格上属于偏内向的孩子，不太喜欢与人讲话。

想到这里，我对陈女士说："每个孩子都有各自不同的性格，都有自己的不足和缺点，您儿子肯定还有别的优点，您可别总抓住他这一点打击他啊。"

"可我就看不惯他这窝窝囊囊的样子，跟他爸一个样！"陈女士依然抱怨说。

"我觉得，抱怨孩子的不足解决不了问题，您可以在发现儿子表现好的时候，表扬、鼓励他，相信他会越变越好……"

每个孩子在性格上各不相同，都有自己的性格优势，也都有自己的性格弱点。作为父母，我们首先要接纳孩子的性格弱点，通过鼓励等方式帮孩子改善性格弱点，而不是过多地批评和指责孩子的弱点。

在我们小区里，有这样一位妈妈，她的儿子不够聪明，学习成绩总是落在班级的后面。

妈妈很替儿子的未来担忧，于是她千方百计地帮儿子补课，让儿子的成绩赶上去。为了儿子的学习，妈妈花费了很多心血，她甚至放弃了好几次进修、晋升的好机会。

但是，儿子的学习成绩始终进步不大，儿子的表现让她很无奈。

这位妈妈曾告诉我，在一次教儿子数学应用题时，看到儿子始终不开窍，她将内心的火一股脑儿地都发到了儿子身上，她多日积聚的情绪终于爆发了。

她对着手足无措的儿子吼道："你怎么这么笨呢？！你自己不聪明为什么不努力呢？！你知道我要为你承受多大压力吗？！"

这位妈妈告诉我，那一刻，她儿子吓傻了，不知道该如何回答妈妈。

事实上，妈妈不能接受儿子的不聪明，不接受儿子较差的学习成绩，所以她对儿子的表现很恼火。她不愿在别人面前提起儿子，这一次，因为儿子已经"不可救药"，她才找到我，向我求助。

虽然我没有见到那个男孩，但我能想象出，他内心肯定也为自己很差的成绩而感到无助、彷徨。

我告诉这位妈妈，每个孩子都不完美，父母要接受孩子的这种不完美，不能因为不接纳而在孩子心上撒盐，要相信孩子，并激发孩子其他方面的闪光点，激励孩子不断进步。

一次，我随我的一位朋友去医院看他的一个亲戚——一个十岁的小女孩。

在医院里，我看到了让我非常感动的一幕，听到了一个让我觉得很温暖的故事。

这个女孩一直很喜欢跳舞，而且，舞也跳得很不错，以前她曾代表学校参加过区里、市里及省里的舞蹈比赛，并获过奖。妈妈以优秀的女儿为骄傲，并期待她能成为一名舞蹈家。

但天有不测风云，女孩在一次车祸中腿部受了重伤，她能否完全康复、能否继续跳舞都成了未知数。

最初，这突如其来的打击让女孩和她的妈妈都难以接受。但不久，女孩和家人就开始接受这一现实，并一起乐观地面对眼前这一切。

那一天，在医院里，我听到女孩对她妈妈说："妈妈，对不起，我以后再也不能让你看我跳舞了……我不是一个好孩子，我以后再也不调皮了，再也不让你生气了……"

说这话的时候，女孩的眼泪不住地往下掉，女孩妈妈的眼泪也不住地往下掉，我的眼睛也湿润了，女孩的懂事让我心疼。

而接下来妈妈的话也让我感触很深，她说：

"不，你可以继续跳舞，只要你配合医生的治疗。其实，无论你什么样，无论你有什么缺点和不足，无论你犯过什么错，你都是妈妈的宝贝，都是妈妈眼里的天使，是让我骄傲的女儿，我也永远爱你……"

没有孩子是完美的，我想，无论孩子有什么样的不完美，父母都应该把孩子当作自己心中的宝贝和天使；无论孩子有什么样的不完美，父母都不应削减对孩子的爱。

因为，孩子的生命本身就是无价之宝，值得父母钟爱一生。

成老师心语

很多父母都希望自己的孩子完美无缺，但现实是，没有孩子是完美无缺的，不完美的生命才是真实的，才更值得父母去呵护。

孩子有不完美，父母要做的，不是嫌弃、指责孩子，而是要把孩子的不完美当作孩子生命中的重要部分去接纳，让孩子用不完美的生命创造出精彩的人生。

爱孩子不要有附加条件

父母爱孩子，应该是爱孩子的生命本身，而不是爱附加在孩子身上的那些外在的东西，比如优异的成绩、良好的表现。无论孩子的生命是什么样的状态，父母都会百分之百地付出自己的爱。

有一天，我去一所中学给初一的孩子做入学教育报告，报告结束后，一个男孩跟我讲的话让我感触颇深。

"成老师，我想问您一个问题。"他说。

"什么问题？你说吧。"

"这几天我特别不想回家，每天一到放学就害怕，您说我该怎么办？"我心里一惊，不知道家为何会让这个男孩如此恐惧。

"你为什么不想回家呢？家里发生什么事情了？"我问他。

"因为我这次摸底考试成绩特别差，我爸爸妈妈还不知道我的成绩呢。"揉了一下鼻子，男孩继续说，"如果他们知道了我的成绩，我就死定了。"

原来如此。

父母对男孩的学习成绩很看重，男孩成绩好时，父母待他就像上宾，对他总是笑脸相迎，给他做好吃的，给他买他想要的，尽可能满足他的一切要求。

但是，如果男孩没考好，回到家，等待他的就是斥责和打骂，就是疏远和嫌弃，父母对他完全是另一种态度。

怪不得男孩不愿回家，父母对待儿子成绩的不同态度让他认为，他们只爱成绩好的他，而不爱成绩不好的他。所以，每次考不好，男孩就很恐惧回家，不敢面对父母，从小学到现在一直如此。

"那放学后你不回家，去哪里呢？"我问这个可怜的孩子。

"我去网吧，跟网友聊天或者打游戏，能拖多久是多久。"

我突然感到一种悲哀，因为我们的教育。

父母一定要改变这种做法，不要以成绩好坏决定对待孩子的态度，成绩好坏并不是爱或不爱孩子的理由，要让孩子知道，父母爱孩子是没有条件的。

小米是桐桐的一个好朋友。我发现，小米小时候有点缺乏安全感，总担心妈妈不要她，所以经常粘着妈妈。

而小米的这种状况，我认为，与妈妈的教育方式有很大关系。我知道，小米妈妈有一句口头禅，那就是女儿不听话时，她总会说："你再不听话，妈妈就不要你了。"

几年前，小米不到三岁，一天，小米、雪莉、桐桐、丁丁等几个孩子在一起玩，我们这些家长则在一边说笑着。

不一会儿，几个孩子吵闹起来了，小米和雪莉看起来要打架。小米妈妈和雪莉妈妈迅速走上前，了解了情况，小米妈妈就开始斥责女儿。

原来，小米看上了雪莉那只可以震动翅膀在地上跑的电动玩具小鸟，死活要抢过来玩，并嚷嚷着那小鸟是她的，这可惹恼了雪莉，于是两个孩子就吵闹起来。

我们几个人也都来到了孩子们跟前，小米依然坚持自己的想法和做法，她对妈妈的批评很恼火，甚至坐到了地上，要打滚。

小米妈妈心烦，就吓唬女儿说："你再闹，妈妈就不要你了。起来！你起不起来？要不起来，妈妈就不要你了。"同时，小米妈妈转身做出要走的样子。

见妈妈真的要走，小米急忙爬起来，跑上前抱住妈妈的腿，开始大声地哭起来。

"闭嘴！你再哭，妈妈就真不要你了。"小米妈妈继续说。

我对小米妈妈使了个眼色，但她没有理会我。

小米慢慢止住了哭，说："妈妈，我不要小鸟了，我不要小鸟了。"但我看得出，小米的情绪憋在了心里出不来，想哭不敢哭，十分委屈的样子。甚至，当雪莉的妈妈好说歹说从女儿手里要来小鸟，递给小米让她玩一会儿的时候，小米也推开雪莉妈妈的手，依然死死抱住妈妈的腿。

"再哭、再闹，妈妈就不要你了"，这句话对一个不到三岁的孩子有致命的伤害，她会认为妈妈真的不要自己了，从而不能很好地建立起安全感。

所以，当孩子不听话时，父母千万不要对孩子说这句话。

我家隔壁单元有一个九岁左右的男孩，很调皮，常常惹事。

一次，男孩在楼下玩，趁人不备，他拿一根木棍，猫腰走到前面那栋楼一楼住户的窗户下，将放在窗台上的一盆花拨拉下来，花盆碎了，里面的土散落开来，将花儿压在了下面。

偏巧，那户人家是得理不饶人的主儿，听到动静，主人急忙走出家门，就这个问题与在不远处与别人说话的男孩妈妈纠缠了很长时间。

等那户人家走后，男孩的妈妈狠狠地批评了儿子，儿子嬉皮笑脸地跟妈妈套近乎，并笑着向妈妈道歉说："妈妈，我错了。"

"别叫我妈，你不是我儿子。"男孩的妈妈生气地说完，转身要回家。

孩子以为妈妈在开玩笑，就走上前，拉住妈妈的胳膊，又说："妈妈，我真的知道错了。"

妈妈狠狠地甩开儿子的手，紧绷着脸说："离我远点！你总这么惹事，不配做我的儿子。"

看起来，男孩的妈妈真的恼了。我听说，这个男孩每次犯错，妈妈总是如此愤怒，并将儿子推远，说出类似"你去给别人当儿子吧"这样的"狠话"。

孩子难免犯错，但父母不要因此而拒绝对孩子的爱，不要因此用拒绝的语言或行为伤害孩子。

至于孩子所做的"恶作剧"或犯的错误，如果对别人造成了伤害，父母就让孩子自己承担责任，如果没有对人造成伤害，提醒孩子下次注意就可以了，不必将问题看得过于严重。

成老师心语

　　父母爱孩子，应是爱孩子的生命本身，而不是爱孩子身上附加的各种外在条件，比如优异的成绩、良好的表现等。

　　真正爱孩子，就不要对爱附加任何条件。也就是说，不能因为孩子表现好、成绩好，就对孩子关爱有加；也不能因为孩子表现不好就嫌弃、打骂、疏远孩子，当孩子表现不好的时候，应该给予孩子安慰、支持、鼓励和引导。

不要用物质来补偿爱

孩子需要物质的满足，但他们更需要精神和情感的满足。爱能够满足孩子精神和情感的需求，物质却常常不能。父母不要总是用物质来补偿爱，这会让孩子患上情感或精神饥渴症。

我有一个同行朋友，她是一名职业女性，同时又是一位两岁孩子的母亲。

朋友事业心很强，她一心想成为一名著名作家，因此整天忙于工作，没有太多时间陪伴儿子，所以，她就给儿子买了很多玩具，那些玩具几乎堆满了儿子的房间。

每当朋友要写作的时候，她就把儿子带到"玩具屋"，对他说："宝贝，你自己在这里好好玩，妈妈要工作，挣更多的钱给你买更多的玩具。"

然后，她就坐在桌前开始埋头写作，如果儿子不找她，她一般不会主动去陪伴儿子。有时候，儿子缠着她玩，她就会设法把儿子推开。

慢慢地，更多的时候，儿子似乎也习惯了一个人玩玩具。

每次带儿子外出，儿子只要看中了什么玩具，朋友总是掏钱就买。她觉得，自己没有太多时间陪伴儿子，而玩具可以陪伴他，能把她从养育儿子的琐事中解放出来，使她有更多的时间和精力从事写作。

但是朋友并不明白，孩子最需要的其实是父母的爱和陪伴，这是孩子必不可少而且非常关键的精神营养，比再多的钱、再多的玩具都重要百倍。

很多父母，就像这位朋友一样，为了让孩子开心，为了自己有更多时间和精力做其他事情，就给孩子买很多玩具，让孩子陷在玩具堆里。

事实上，过多的玩具反而不利于孩子的精神和情感发展，父母的陪伴和交流才是更重要的。父母们要切记这一点。

在我们小区里，有一个胖墩墩的小男孩琪琪，他很喜欢吃东西，我常常看到他不住嘴地吃着某种食物。

听琪琪的妈妈说，家人都很重视他的吃饭问题，生怕他中午在幼儿园的小饭桌上吃不好、吃不饱。琪琪回到家，妈妈就给他做各种好吃的，买各种他喜欢吃的零食。

每逢节日，妈妈必会带着儿子到他喜欢的饭店或肯德基去撮一顿，让儿子一饱口福，而琪琪也总会大吃特吃。

琪琪的妈妈总认为孩子吃得多、吃得饱才是好的，就尽可能地鼓励儿子多吃，总觉得如果儿子吃不饱、吃不好，就是愧对儿子。

有像琪琪妈妈这样观念的家长并不在少数，尤其是一些老人，总是想方设法鼓励孩子多吃，尽可能地给孩子补充营养。

当然，给孩子提供丰富的营养很有必要，这对孩子的健康成长是很重要的，但父母也不要盲目地、过量地给孩子提供食物和营养。因为过量的物质营养反而对孩子的身体有害，造成孩子营养过剩，影响孩子身体的正常发育。

真正的爱，应是根据孩子的体质，让孩子平衡、合理地饮食，不过量地摄取营养，也不过多地食用那些膨化食品、洋快餐、方便类食品等。

　　王晓伟是我在一所学校做讲座时认识的一个十三岁男孩。他很聪明，但又有些冷漠，似乎总缺乏安全感，认为周围所有的人都对他不怀好意，经常和同学、老师发生冲突。

　　经过与王晓伟的班主任交流，我了解到：王晓伟有一个并不幸福的童年。

　　在王晓伟不到四岁的时候，他的父母离婚了。不久，父母双方又都组建了新的家庭。

　　因为王晓伟的父亲和母亲工作一直都很忙，很少有时间带孩子，也为了不让王晓伟受继父或继母的冷待，爷爷奶奶一直把孙子带在身边。

　　隔一段时间，父亲或母亲就把儿子接到身边陪他几天。大概是觉得离婚且没太多时间陪伴儿子，父亲和母亲都觉得愧对儿子，所以在他身边时总是事事满足他。

　　父亲和母亲都算是事业比较成功的人，经济条件都很不错，为了弥补对儿子的亏欠，或者说为了赢得儿子的心，双方都千方百计地用物质来补偿儿子，比赛似的用钱财来"拉拢"儿子。

　　他们都想着法儿地给儿子买好看的衣服，带儿子去吃大餐，给儿子买他想要的玩具、生活用具、学习用具等，带他去想玩的地方玩……毫不吝惜对儿子的金钱付出。

　　见父母都如此，王晓伟自小就喜欢跟他们要这要那，而且常常要穿名牌、用名牌、吃高档餐厅，仿佛他在用这种方式索回父母对他欠缺的爱。

　　而王晓伟的父母也处处迁就他，每次都不吝惜花费，儿子要什么就给他什么，尽可能地满足儿子的一切要求，用更多的物质来补偿对儿子的亏欠，这样他们才心安。

　　然而，再多的物质也没有补偿王晓伟缺失的父母的爱，他成了一个老师和同学眼中的"问题孩子"。

　　事实上，物质绝不能代替爱，孩子缺失了爱，用物质是难以弥补的。

父母与其用过多的物质满足孩子，不如尽可能地多抽些时间与孩子交流、相处，与孩子一起做游戏、做事情，了解孩子的喜怒哀乐和内心想法，并设法满足孩子的精神需求。

成老师心语

孩子的精神和情感滋养需要父母为孩子付出爱，父母借用物质来补偿孩子爱的缺失以求得心理平衡，这种做法只会害了孩子。

无论有多少理由，父母都要尽可能多地给孩子关爱，多了解孩子的精神和情感世界，并尽可能地满足孩子的精神、情感需求，多一些时间陪伴孩子，而不是用物质来代替这一切。

不溺爱，也不要放纵孩子

小子本该尊重老子，可当老子太疼爱小子时，也就怕了小子。小子就会变得任性又自负，向老子予取予求。一旦小子得不到满足，老子就成了孙子，小子倒成了老子。

你最喜欢的，往往会成为牵制你的。这话一点不假。作为父母，通常都会视孩子若生命，一颗红心向孩子，一切围着孩子转。当爱泛滥成灾，不但教育失去了全部意义，就连亲子关系也会发生转化，子篡父位，黑白颠倒。

那天，我带着桐桐去"宝宝当家"玩。那是一个通过模拟各种工作场景，让孩子体验各种职业的地方。

我和桐桐在门口购票时，有一个八岁左右的小男孩忽然冲过来，把桐桐推倒在地。桐桐受到惊吓，大哭起来。那个小男孩大声喊道："我是警察，你没有排队，就应该受到惩罚。哭什么哭？"

我连忙扶起桐桐，轻轻拍着她安慰，然后对小男孩说："我在这里排队呢。警察可不能不分青红皂白就打人啊！"

这时候，有一个中年妇女气喘吁吁地跑过来，连连向我道歉，还轻轻拍着桐桐，又试图用嘴亲桐桐的脸，但被桐桐拒绝了。这个女人很尴尬地说："没办法，我这儿子简直就是个小霸王，我现在根本就管不了。到处给我惹事，唉，我真是愁死了。"

这个女人说着，又回头训斥她的儿子，可是小男孩早就跑远了。远远地，我看到他又推倒了一个小女孩。这个女人快要哭出来了，大冷的天，她却满头大汗，想来跟着孩子跑很久了。我对她摆摆手，表示不介意，但我告诉她："您千万不能再受孩子牵制了。"

女人连连点头，但我看得出来，她根本就没有听进去，只是急于到另一个地方，去给儿子"擦屁股"。

女人走后，桐桐对我说："爸爸，你该感谢我是你的女儿。你看阿姨好可怜！"我点点头，很感慨，心说："可怜之人，必有可恨之处。"

孩子不是天生的奴隶主。当父母甘心为孩子做牛做马，奴隶出现，奴隶主也就自然诞生了。父母成了孩子的奴隶，也就失去了享受和孩子保持亲密无间的关系的权利。

我妻子最不喜欢桐桐和奶奶说话的口气。你听，桐桐说："奶奶，我漂亮不？""奶奶，给我倒杯水！""奶奶，我不是告诉你了，我不穿这件衣服，你怎么回事？"

桐桐又说这话时，我妻子要重罚她，可我妈又替桐桐说话。桐桐得理不让人，说："你看，我和奶奶说话，又不是和你说话。奶奶都不生气，你生什么气？"

妻子气得要打桐桐，我拦住她，对桐桐说："你和爸爸做一个实验好不好？"桐桐欢欣雀跃。我让桐桐站在屋子正中央，然后在她头顶放上一杯满满的水，让她一动不动，看她能坚持多久。我请我妈也过来看。

桐桐觉得很好玩，老老实实地站在那里。可还没到一分钟，她就不耐烦了，大声喊要停止游戏。她的身子一动，杯子就一下子掉了下来，弄了她满头满脸的水。她沮丧地大叫："一点都不好玩！"我妈连忙上前安慰桐桐。

我对我妈说："妈，你看，你捧得她越高，她将来摔得就越重。当她摔下来的时候，还会洒你一头一脸的水。"桐桐一听，乐了，说："闹了半天，你这是教育我奶奶呢！"我正色道："桐桐，奶奶疼爱你，可你如果因此而不尊重奶奶，那么将来就没有人能尊重你。"

妻子也说："桐桐，我知道你很疼爱你的'七星仔'（在妻子眼里"七星仔"是桐桐的玩具，在桐桐眼里它是自己的儿子），可要是'七星仔'对你呼来喝去，对你说话很没有礼貌，你会生气吗？"桐桐愤怒地说："当然生气。我会打它屁股。"

妻子又说："是啊，你对奶奶说话没有礼貌，我们也很生气，我可不希望我的女儿是'星宿派'出身。"桐桐说："那我是'天使派'，行不？"我妈在旁边笑了，亲着桐桐的脸颊说："你就是小天使。"桐桐得意地笑了。

妻子在旁边摇摇头，我拍拍她的肩膀，轻轻对她说："没事，孩子需要被宠的感觉，只要不过分就行。"

当备受宠爱的孩子试图操纵父母，父母可以和孩子互换位置，让孩子体会一下做父母的感觉，让孩子明白亲子之间需要互相尊重。

桐桐很喜欢阅读公主类图书，迪士尼公主系列她本本不落，看了又看。

一天，桐桐问我："什么是公主？我是公主吗？"这个问题很有意思，我问她怎么看待自己，桐桐想了想说："公主是优雅高贵的。我是公主——妈妈说的，奶奶也说我是。"

我笑了，说："可有人对待奶奶，很像小皇帝啊。"桐桐说："皇帝很坏，想杀谁就杀谁。我不想当皇帝，只想当公主。再说了，我是女孩，不能当皇帝，你才能当皇帝。"

我说："咱们谁都不当皇帝，好不好？你不能对我任性，我也不会对你瞎指挥。好不好？"桐桐郑重其事地点点头，还和我击掌盟誓。

一旦孩子有了权利榜样，他就会有样学样。父母可以给孩子解释他拥有哪些正当的权利，哪些行为是任性的表现。孩子学会规范自己，自然就学会尊重父母了。

成老师心语

　　爱的确应该是无私的，但也应该是有度的。爱无度，就有毒。因为把孩子捧得越高，孩子摔得越惨。宠孩子越无度，毁孩子越无情。溺爱孩子欠下的债，早晚要还的。如果你不想种下了爱，反而收获恨，那么就时时警惕，不要让孩子变成任性的小皇帝。

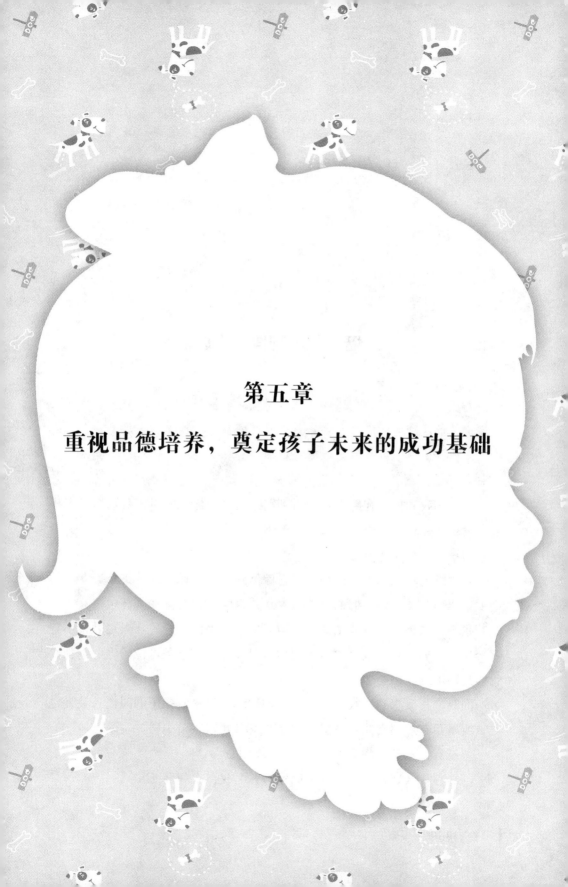

第五章

重视品德培养，奠定孩子未来的成功基础

培养孩子的博爱之心

关爱亲人、帮助受灾地区遇难的同胞、同情弱小生命、爱护花草树木等等，父母从这些方面全面培养孩子的博爱行为，让他真正成为一个有爱心的人，会使孩子将来的生活变得更加美好。

一天，我和桐桐在路上走，听到路边有"汪汪"的叫声。我们寻声找去，发现在路边绿化带旁边，有一条刚出生不久的黄毛小狗，可能是又冷又饿的缘故，身体在瑟瑟发抖。

桐桐蹲下身子，手伸向小狗，它像见到妈妈一样，用舌头舔着女儿的小手，还一个劲儿地往桐桐身上靠，女儿就顺势把它抱在了怀中。

我想，这条小狗可能是被主人抛弃了，如果没人管，几天之后，小狗就会死去。虽然我不太喜欢养小动物，但看着面前这条可怜巴巴的小狗，我还是动了恻隐之心。

同时，我又想到，收养丢弃的小动物，可以培养孩子的同情、关爱之心。所以我有意问女儿："桐桐，准备怎么处理这条小狗？"

"爸爸，这条小狗没了主人，太可怜了。"

"你有什么好办法解决这个问题吗？"我再次问女儿。

"我收养这条小狗，行吗？"桐桐知道我不太喜欢小动物，所以试探着问。

"女儿这么有同情心，你说我会不支持你这种行为吗？"我一边说着话，一边接过女儿手中的小狗，抱着它朝家的方向走去。

女儿跟在我后面，开心地嚷着："爸爸，你太好啦！"我听着心里美滋滋的。

同情心人皆有之，孩子尤甚。如果孩子缺少同情心，不是其他的原因，主要是你没有细心呵护所致。

观察孩子的行为，随时巩固他对弱小人群、动物的同情心，是教孩子习得博爱行为的一个方面。同时，让孩子亲自去照顾这样的群体，有助于培养孩子细腻的情感和善良的行为，帮助孩子具备更多的美德。

汶川地震，牵动着每一个中国人的心，几乎所有的成年人，都捐赠了金钱或物资。我和妻子两人，各自在单位捐赠了两千元钱。

捐赠的第二天，电视里正在为募捐义演，我、妻子和桐桐都在观看。当听到一个比桐桐稍大一点的孩子，说自己的父母都被埋在了地下，再也出不来了的时候，我的眼泪流了出来，决定再次捐些善款。

这时候，我看到女儿也在默默地流眼泪，决定进一步培养她的爱心。

"桐桐，你看刚才那个孩子多可怜，没有了父母，吃饭、穿衣、上学都没有着落。爸爸在单位已经捐赠了两千元，现在还想再捐两千，你有什么想法没有？"

"我？"桐桐仰头看了我一眼，没有领会我的意思。

"我和你爸爸觉得你也应该尽一份爱心才对啊！"妻子提醒说。

听完妈妈的话，桐桐立马会意，跑到自己的房间，拿出存钱罐，把里面省下的零花钱都倒了出来，然后慷慨地说："爸爸妈妈，我的这些钱都捐出去，帮助与刚才那个小朋友一样的孩子。"

我点头称赞说："桐桐真是个有爱心的好孩子。"她不好意思地笑了笑，还没忘记回夸我一句："你也是个有爱心的好爸爸啊！"听了女儿这话，我和妻子都开心地大笑了起来。

教孩子帮助别人，培养他的博爱之心，首先需要父母给孩子做出这方面的榜样，让他受到潜移默化的影响。

如果孩子此时还没有意识到如何去做，你就要进一步引导，直到孩子知道应该怎么做为止，真正把孩子培养成一个有爱心的人。

一天，我去幼儿园接桐桐，她出了校门，就直接扑进我怀里，哭着说："爸爸，小米坏，不知道爱别人，我不想和她玩了。"

"乖女儿，发生了什么事，让你这么伤心，如此痛恨小米？"

"刚才吃饭的时候，我饿了，想多吃一点东西，就拿了她一块面包，但她却夺了回去。以前，她说饿的时候，我可是每次都会主动把分给我的食物给她吃啊，我以后再也不给小米食物吃了，也再不想帮助别人了。"女儿抽噎着说。

"孩子，去帮助别人，并不能要求他也一样对待你，或者说让他回报你。帮助别人，是件令人快乐的事情，它不但能美化心灵，还能促进社会的和谐，你不应该因此不再去帮助别人啊！"

我一边领着女儿往家走，一边给她讲道理。

女儿听完我的话，沉默了一会儿说："爸爸，我知道了，我还会像以前那样去帮助有困难的人。"

停顿了一下，女儿接着说："包括小米。"

我赞赏地亲了桐桐脸蛋一下，向她跷起大拇指说："桐桐不但有博爱之心，还有宽容的品质，爸爸好佩服你。"

桐桐听后笑了，虽然刚哭过，但看得出是发自内心的高兴。

成老师心语

　　孩子帮助人之后，如果没得到别人的回馈，心理就会失衡。此时，你要及时引导孩子，教孩子正确地对待人与事。

　　关爱亲人、帮助受灾地区遇难的同胞、同情弱小生命、爱护花草树木等等，父母从这些方面全面培养孩子的博爱行为，让他真正成为一个有爱心的人，会使孩子将来的生活变得更加美好。

让孩子懂得谦恭会受益更多

父母多给孩子讲一些名人为人处世谦恭的故事，让孩子知道谦恭的重要性，有利于纠正孩子不良的观念，改变孩子不正确的行为，有效地帮助孩子成为一个谦恭的人。

周日，女儿不上学，妻子有事，我征得桐桐的同意，带她来到我的咨询室。

那天，来了许多家长和孩子，向我请教不同的问题，有些人还拿着烟酒作为礼物，对我也是恭恭敬敬。

我呢，作为一名家庭教育研究者，每一个咨询者来问问题，我都很耐心地倾听，全力地去解决他们存在的问题。

桐桐一直在旁边安静地看着，不时地张一下嘴，看样子想说话，不过见我没有时间，几次都欲言又止。

好不容易等来咨询的人都走完了，桐桐急忙走到我面前说："爸爸，你是个教育家，那些人都是来请教问题的，怎么还那么客气地和他们说话啊？你应该有点架子才对啊！我班上同学小燕的爸爸当官，就经常端架子。"

我听了女儿这话，感觉好笑的同时，心里也吃了一惊，没有想到在她幼小的心里，已经受到了这种社会不良现象的影响，为此十分不安。

孩子的心理，基本上都能在他的言语行为中表现出来。你应该留意孩子日常生活中的这些表现，及时发现他受不良环境影响产生的不好想法、错误认识。

只有多留心，你才能尽早发现孩子身上存在的问题，找到了问题，才能有针对性地去纠正。只有及时纠正，孩子才会明白怎么想、如何做才正确，才能不断地取得进步。

桐桐的话语，让我想起年少时的一件事。那是我刚升入初一的时候，国庆节来临，校领导在全年级征稿。我也写了一篇文章，因为自己曾经看过许多小说，语言方面有点基础，写的内容又切合了"国庆"这个主题，文章被选中。

校领导安排毛笔字好的老师抄写一遍那些挑选出的优秀稿子，然后把它们贴到校门口的墙上，供学校师生观看。

刚贴出来时我不知道，一个要好的同学看到后，急忙跑进教室告诉我。虽然明知道自己写文章还算可以，但真听说文章被选中了，还是有些激动。

我飞快地跑出去看，久久地盯着署有我名字的文章，心里热乎乎的。

再次上课的时候，语文老师拿出一个笔记本，当着全班同学的面，夸奖我的作文写得好，并把本子亲自送到我手里，同学们都投来羡慕的眼光。

那一刻，我的心膨胀了起来，整个人都有些飘飘然，对同学的态度不自觉中也发生了转变，变得高傲起来，不再像往常那样与他们打成一片。

一段时间之后，许多要好的同学疏远了我，此时，我后悔莫及。好在我及时改正了不良的态度，不久之后，与同学的关系又恢复如初。

孩子有了点成绩，特别是某方面比周围人表现优秀，受到老师夸赞时，有可能就会滋生骄傲的心理；或者受别人不良行为的影响，产生不正确的

观念，甚至做出轻视别人的举止，结果很容易遭人讨厌，受人排挤，甚至失去朋友，成了孤家寡人。

当孩子出现骄傲的心理，你应该及时帮助孩子纠正错误认知，改变他的不良行为，让孩子习得谦恭礼让的举止。

因此，发现了女儿存在不良心理，又加上自己的切身体会，知道它的危害，我决定立即转变孩子不正确的观念。为此，我给女儿讲了京剧艺术家梅兰芳拜齐白石为师的故事：

当时的梅兰芳已经很出名，许多人见到他都会蜂拥而上，就像现在的普通人见到世界知名大明星一样。但是，梅兰芳还是到处请教老师，并且专门拜齐白石为师。虽然齐白石那时候也是个名人，但名气远远不及梅兰芳。

有一次，齐白石与梅兰芳约好去一个地方。齐白石没有事，先到了那里，因为他着装朴素，名气又不太大，所以很少有人注意，他本人也不爱热闹，就坐在一个清静的角落里。过了一会儿，梅兰芳到了那里，所有人一下子拥了上去，围着他问这问那。梅兰芳一边与人打招呼，一边问别人："见到我的老师齐白石先生了吗？"有认识齐白石的人，便指着一个角落说："他在那里呢。"于是，梅兰芳口里喊着"老师"，快步走到齐白石面前，施以弟子之礼，十分谦恭。

不仅如此，他还会向普通人请教各种问题，虚心学习所有自己不懂的东西。这样，梅兰芳不断地取得进步，不但在艺术方面取得了巨大的成就，而且还赢得了众人的拥护、爱戴，成为一个让国人铭记于心的大艺术家。

桐桐听我讲完，似有所悟地说："爸爸，人出了名后，也不能看不起普通人，对吗？"

"乖女儿，你说得很对，但不仅要看得起普通人，还需要从他们身上虚心学习自己缺乏的东西。"

桐桐使劲地点了点头说："我知道了爸爸，刚才我说错话了。爸爸只是个普通的教育家，没有梅兰芳名气大，要向他看齐。桐桐先向爸爸看齐，再向梅兰芳爷爷学习。"

听着女儿逻辑清晰的表达，我明白这个故事已经对她起了作用。希望女儿能像自己所说那样，任何时候，都能做到为人谦恭。

成老师心语

　　孩子都爱听名人的事迹，愿意以名人为榜样，喜欢向名人学习。

　　父母多给孩子讲一些名人为人处世谦恭的故事，让孩子知道谦恭的重要性，有利于纠正孩子不良的观念，改变孩子不正确的行为，有效地帮助孩子成为一个谦恭的人。

教孩子从小学会孝顺

对父母孝顺，不仅是一种美德，也是为人子女应该尽的义务。你需要尽早给孩子灌输孝顺的理念，帮助他成为一个孝顺的人，这样你心里宽慰，孩子也会受人赞美。

我曾听许多家长抱怨说："我们辛辛苦苦挣钱，自己舍不得吃，舍不得穿，对孩子却很大方，让他吃最好的食物，穿最好的衣服，用最好的物品。可是孩子却只知享受，从来不关心我们，更别提孝顺了。"

这话我相信，因为我曾亲眼看见过一个孩子的不孝顺行为。

有一次，朋友蒋亮的妻子生病，他就到社区去请医生，我刚好此时去拜访。

蒋亮的妻子在床上躺着，看到我虚弱地说："蒋亮去请医生了，一会儿就回，你坐在沙发上等一会儿吧。"

我答应一声，看到蒋亮的女儿芊芊正在津津有味地打游戏，我就凑上前观看。

"芊芊，给妈妈倒杯水。"过了一会儿，卧室里传来蒋亮妻子的声音。芊芊好像没有听见一样，继续玩。

"芊芊，妈妈让你给她倒水呢。"我提醒孩子。

"她要喝自己倒，我正忙着呢。"芊芊头也不抬地说。

听着面前女孩冷漠的话语，我不由自主地战栗了一下。莫说床上躺着的是自己的妈妈，就是一个陌生的病人，要你给她倒杯水，也不应该无动于衷啊。

见芊芊始终没有行动的意思，我给蒋亮的妻子倒了杯水，送了过去。

老朋友回来后，我抽空对他讲起了这件事。他叹了口气说："芊芊这孩子，我们白养活了！"

我心里也有类似的感觉。

中华民族的美德，向来以孝为大。父母生养孩子，十分辛苦，孩子也理应对父母孝顺。

可是，现在的社会，由于独生子女增多，父母都拿孩子当掌上明珠，施予他无尽的爱，却忽略了给孩子灌输孝顺父母的理念，结果孩子变得越来越贪婪，只会向父母索要，却不知道应该对父母付出。

这是孩子和父母共同的悲剧。

我知道教育子女孝顺的重要性，所以在桐桐还很小的时候，就曾找来古代二十四孝图，挨个给女儿讲他们的感人事迹。

比如吴猛恣蚊饱血、王祥卧冰求鲤、杨香扼虎救父、朱寿昌弃官寻母……

这些故事中，最令女儿感动的，还是"吴猛恣蚊饱血"这个故事。

吴猛在八岁时，因为家里没有蚊帐，担心父亲被蚊子叮咬睡不着觉，就坐到父亲床边，把衣服脱光，吸引蚊子，并且任由它叮咬，不去驱赶。

故事刚讲完，桐桐的眼泪就流了下来。她感触良多地说："爸爸，对不起，我以前不知道孝顺你，以后要向吴猛学习。"

"乖女儿，我相信你。"见女儿听完故事联想到自己，我明白讲这些故事起到了效果，十分开心。

如果孩子不知道孝顺，你直接教他怎么做，往往会引起他的反感。

孩子喜欢听故事，用故事的形式，给孩子说明做人应该孝顺的道理，以及人们给予孝顺的人的高度评价，这样孩子就比较容易接受。

前段时间，听说母亲生病了，我把她从弟弟家接过来照顾。母亲天一冷就喘得很厉害，医生给她开了一个月的中药，每天熬一包，早晚要喝两次。

每次我给母亲熬好药，都会亲口尝一下是否烫，感觉刚好时才会端给母亲喝。同时，为了减少苦味在嘴里停留的时间，我还预先在旁边放上一勺糖，在母亲把药喝完后，就及时递上去。

桐桐没事，经常跟在我的身边，看我做这些事情。

在我的精心伺候下，母亲的身体很快康复，她要回弟弟家照顾侄子小林，我就把她送了过去。

这件事过去后，我有一次出差，因为天气突然转凉，带的衣服比较少，结果感冒了。从外地回来，浑身还是紧巴巴的，十分难受。

于是，下班后，我先去学校接了女儿，接着顺路去医院买了一些西药。

到家后，我倒了杯水，刚吃完药，就看到桐桐递过来一勺糖。

我虽然不爱吃糖，西药也不是很苦，但看到孝顺的桐桐，我还是高兴地接了过去，把它全部倒进了嘴里。"真甜！"我发自肺腑地说。嘴里甜，心里感觉更甜。女儿开心地笑了。

成老师心语

你给孩子做出孝顺的榜样，孩子也会在潜移默化中受到影响，不自觉地习得孝顺的行为。

对父母孝顺，不仅是一种美德，也是为人子女应该尽的义务。你需要尽早给孩子灌输孝顺的理念，帮助他成为一个孝顺的人，这样你心里宽慰，孩子也会受人赞美。

教孩子懂得感恩

父母要教孩子懂得感恩，因为这样他就会拥有健康的心理、积极的心态，他也能感激给予、努力回馈，同时也会与别人融洽相处、快乐生活。

前一段时间，我和妻子为了调动女儿劳动的积极性，给桐桐规定做一些家务，可以得到相应的报酬，并写好贴在了墙上。桐桐为了多存点钱，干得特别起劲。

有一次，妻子下班后累了，就对桐桐说："桐桐，给妈妈倒杯水好吗？"桐桐欢快地跑过去，倒了满满一杯水，递到了妈妈手里。

然后桐桐转身跑回自己的房间，很快又跑了出来，来到妈妈身边。妻子看到女儿如此贴心，十分高兴，夸奖桐桐说："你真是妈妈的好闺女。"

桐桐小声地"嗯"了一声之后，有些扭捏地说："妈妈，我刚才跑过去看墙上，没有给我规定倒水付多少报酬的标准，你就看着给吧。"

妻子一听，刚喝到嘴里的水差点没有喷出来，她把茶杯重重地放在茶几上说："我每天三餐给你做饭，多少钱？每天给你洗衣、洗澡多少钱？每天两次接送你上下学多少钱？给你花去了多少钱买吃、穿、用的物品——"

"妈妈，你别说了，我不要报酬了，以后做别的事情，也不跟你要钱了。"桐桐听着妈妈的话，意识到自己的错误，急忙打断她说。

见女儿知道错在了哪里，妻子没有再说下去，但她意识到应该教孩子学着感恩了，于是把桐桐拉到身边说："孩子，爸爸妈妈这么辛苦工作，挣钱给你用，虽然不图你报答什么，但你应该知道感恩，学着心疼父母，对不对？"

桐桐点了下头说："妈妈辛苦了，我再倒杯热水给你喝。"女儿说完站起身，又给妈妈倒了杯水。妻子这次笑得特别开心。

孩子不懂事，有时候甚至给你倒杯水都要钱。这时候，你不要生气，用合适的方式让孩子明白你的辛苦，知道你的劳累，一步步引导孩子，教他懂得感恩。

孩子有了感恩的心，才会知道关心父母，才有可能主动改变先前的不良行为，做出令你高兴的举止。

父母教孩子学着感恩自己，同时还要引导孩子去感恩老师、朋友，以及所有帮助过自己的人。学会知恩图报，这样孩子才能得到更多人的帮助、眷顾。

我曾在电视里看到一个真实故事：

一个患白血病的女孩，住进了医院，所在小学的师生踊跃地为她捐款治病。

因为治疗费用太大，女孩父母的积蓄花光了，所有亲戚朋友那儿也都借遍了，社会、学校所捐的钱款也都用光了，再也没有办法可想了。

女孩看着父母为自己天天辛苦奔波的背影和日渐消瘦的身体，十分心疼，她不想让他们再继续受累，就决定放弃治疗。女孩的父母扭不过孩子，只好同意了她的要求。

从医院出来，女孩觉得自己必死无疑，但她还有一个愿望，就是回学校去看望一下老师、同学，对他们给自己捐款表示感谢。

女孩要回学校，师生们早就知道，列队对她表示欢迎，并为她召开了一次全体师生大会，女孩在大会上给老师、同学朗读自己发自肺腑的感谢信。

因为身体虚弱，又加上舍不得往日朝夕相处的同学，感谢信读得断断续续，女孩还不时地流着眼泪，台下的师生们更是难舍这个知道感恩的小姑娘，放声哭泣。

这个事件，引起了媒体的关注。许多报刊记者前去采访，纷纷报道患白血病的女孩知恩图报的故事，呼吁社会对她进行救助。

很快，社会上就捐款几十万，女孩重新住进了医院，有了生还的希望。

许多患上严重疾病的孩子，没钱救治默默地走向死亡，而这个小女孩，却受到社会的普遍关注。有一个主持人，就这个问题采访了一个积极参与捐款事件的记者。

记者回答说："这个女孩之所以能得到广大社会人士的积极救助，大概是因为她有一颗感恩的心，我就是被她回校致谢的行为所感动，才加入呼吁救助这个行列的。"

"滴水之恩，当涌泉相报。"感恩图报，是做人的美德，你对他人的帮助抱有感激之情，别人的心理才会平衡，如果需要的话还会再次心甘情愿地馈赠。

当然，父母教孩子持有感恩的心，并不是为了这个目的，而是帮助孩子建立起积极的人生观，使孩子与他人相处得更加融洽，让孩子生活得更加快乐。

这让我想起以前的一个邻居小玲，她生来是个哑巴，但却比谁都快乐。

因为在小玲小的时候，父母就教她感谢生活，让她明白虽然自己不能说话，但却有手有脚，生活能够自理，应该感谢上天的赐予。

不过，小玲长大懂事后，有一段时间，看到别的孩子都能张嘴说话，而自己却只能发出模糊不清的"啊，啊"的声音，十分自卑，不愿意出门，也不想和人交流。

小玲妈妈就带她出去，让她看大街上那些缺手少脚之人，让孩子意识到自己比他们要占优势。

这样，小玲不但没埋怨命运的不公，还感激上天的赐予，活得十分开心。

成老师心语

感恩，是一种美德，是与人交往的智慧，体现了一个人良好的修养。

父母要教孩子懂得感恩，因为这样他就会拥有健康的心理、积极的心态，他也能感激给予、努力回馈，同时也会与别人融洽相处、快乐生活。

让孩子承担起自己的责任

责任，是孩子主动尽义务的前提，努力认真做事的基础，犯了错误勇于承担后果的必备因素。总而言之，责任心是孩子安身立命的根基。有了它，孩子在各方面才能做得更完美。

平常大扫除，女儿都会主动给我们打下手，擦擦茶几，递递东西，做一些力所能及的事。

一个周日，我和妻子再次大扫除，忙得满头大汗，桐桐好像没有看见似的，独自坐在电视前看动画片。

"桐桐过来，把抹布洗洗，擦一下茶几。"妻子对桐桐说。

"妈妈，你自己做吧，我正看动画片呢。"桐桐眼不离电视地回答。

"我看这样不行，应该给孩子明确分工，让她自己负责一些事情，女儿有了责任心，就不会推诿了。"妻子对我说。

"你说得很对！"我同意妻子的提议。

于是，打扫完卫生后，我和妻子坐在桐桐身边，等她把那一集动画片看完之后，告诉她以后大扫除，她必须参与，而且要独立负责完成一些事情。

桐桐困惑地问："人家这么小，能负责做什么啊？"

"你的房间，要自己收拾干净，里面的物品，需摆放整齐，客厅里茶几和矮小的桌椅，也由你负责擦洗。"妻子明确地对桐桐说。

"把活都分给我干，你们干什么啊？"

"我和你妈妈负责衣柜的整理，厨房的清洗，还有拖地……"

桐桐一听我说得很多，感觉自己没有吃亏，眼睛一眯说："好，爸爸，从下周开始就这样分工吧。"

很快，周日又来临了，我们刚换上旧衣服，就看见桐桐也学我们的样，换上旧衣服，冲进自己的卧室，开始整理自己的房间了。

见此情景，我和妻子不约而同地看着对方，相视而笑。

孩子使不动，贪图享受，主要原因是缺乏责任心。

你教孩子从小自己处理事情，并明确地给他分配一定量的家务劳动。让孩子知道这些是自己应该承担的义务，并做好提醒和监督工作，时间长了，就能有效地提高孩子的责任心。

有一次，我的朋友李哥来家里找我玩，闲聊的时候他愁眉不展地说："小军这孩子，都十二岁了，洗完澡还不知道把地拖干净，有一天夜里我上厕所，差点摔倒。你说现在的孩子，可气不可气。"

"你没有告诉孩子以后不要再这样了吗？"

"说啦，但孩子答应得很好，就是不改，而且好像情形更加严重，有一次不仅地没拖，电源也没拔。"

"李哥，这样可不行，不要以为他是孩子就姑息，说了几句就了事。这样孩子不放在心上，以后还是照样，有可能还会发展得更加严重。必要时给他一些惩罚，让他知道犯错的后果。这样做一次，孩子有可能就记住了。"

"好，我回家试试。"

两天之后，李哥给我打电话，笑着说："老弟，真谢谢你啊，听了你的话，惩罚了儿子一次。他现在洗罢澡知道拖地了，而且还主动告诉我一声，以免我上厕所时再胆战心惊。"

听到老朋友这样开心，我也十分高兴。

孩子说错了话，或者做错了事，你如果认为他是孩子，而不加追究，那么孩子不但承担不起责任，还会出现更加严重的问题。

孩子犯了错误，你发现后就必须及时引导孩子承担后果，必要时给予一定的惩罚，让孩子引以为戒，避免他再次出现类似的错误。

有一次，我和女儿一起出去，桐桐看到垃圾袋满了，就主动把它拿下来，准备扔掉。见女儿如此懂事，我急忙找了一个塑料袋套在垃圾桶上，然后我们父女俩高高兴兴地朝楼下走去。

还没有到垃圾车跟前，桐桐可能想看自己准头怎么样，只见她右手一抡，垃圾袋脱手而出，飞到了路中间。

"唉，还得多加练习。"桐桐看到这个结果，一边往前走，一边叹着气说，走到自己扔的垃圾袋旁边，还踢了它一脚，接着又往前走。

"桐桐，垃圾丢在路上，影响行人不说，也很难看，把它捡起来，扔到垃圾车里。"

"一会儿清洁工来就会打扫干净的。"桐桐头也不回地说。

"不行，自己捡起来，不能为清洁工增加负担。"

"那你帮我把它捡起来吧。"桐桐看着从袋子中散落的垃圾，嫌脏，不愿意捡。

"垃圾是你扔在路上的，应该由你负责清理。不过，爸爸这次愿意帮你忙，过来一起把垃圾捡起来，以后再有类似情况，就只能你自己承担后果了。"我不容置疑地说。

桐桐没有办法，只好磨蹭着和我一起蹲下捡垃圾，然后把它丢到垃圾车里。

有了这次事件，桐桐再也不敢老远就扔垃圾了，而且知道做错了事，要承担责任。

成老师心语

父母从小教孩子学会自理，不代替他做事，让他明白做坏事情要自己收拾残局，惩罚孩子不负责的行为……都有利于培养孩子的责任心。

责任，是孩子主动尽义务的前提，努力认真做事的基础，犯了错误勇于承担后果的必备因素。总而言之，责任心是孩子安身立命的根基。有了它，孩子在各方面才能做得更完美。

以身作则，引导孩子学会诚实

诚实，是各种美好品质的基础，是与人良好交往的通行证，是事业有成的前提。父母教孩子学会为人诚实，做事诚实，孩子才会得到别人的信任，才能获得更多走向成功的机会。

一天，我上班忘了带钥匙，回家时桐桐给我开的门。刚走进卧室，就听见有人敲门。妻子和女儿都跑向门边，打开门看是谁。

"嫂子，成哥在家吗？我想请他到外面吃顿饭。"

"他刚刚出去，听说好像有一个饭局。"妻子知道来人爱喝酒，而且没有什么正事，不想让我出去，就说了谎话。

"妈妈，爸爸——"

"真不好意思，以后再说吧。"妻子暗地里拽了一下女儿的衣服，又急忙打断她的话，桐桐这才没有说出实话。

这件事情过去不久，有一次桐桐出去玩，妻子叮嘱她不能走太远，女儿答应了一声，就跑了出去。

过了很长时间，桐桐还没有回家，妻子下楼到处寻找，始终没有看见女儿的身影，只好焦急地在家里等待。

大概过了半小时左右，桐桐才走进家门。妻子的担心立即转成了愤怒，她大声问女儿："你去哪儿玩了？"

"就在楼下。"桐桐小声地说。

"别骗人了，我刚才已经把楼下找了个遍。说，到底去了哪儿？"

"到小米家玩去了。"桐桐发现事情败露，只好老实交代。

"为什么要撒谎？"妻子准备批评女儿。

"撒谎怎么了？上次有人来找爸爸，爸爸明明在家，你不是也说他出去了吗？"

气势汹汹的妻子顿时变得哑口无言。

孩子看到你如何做，很容易受影响，也出现类似的行为。

所以，父母要教孩子做一个诚实的人，首先自己就不能撒谎，最好给孩子时时处处做个诚实的榜样，这样孩子才会服从你的管教，才愿意听从你的引导。

一天，我收到一个女孩的来信，内容如下：

成老师：

您好！我叫张燕，读五年级。我本不想打扰您，但心里实在憋屈。

上周，妈妈说她丢了五十元钱，到处找不到，就问我拿了没有。虽然我上周跟妈妈要零花钱，她没给，但还不至于偷家里的钱。所以就实话实说，告诉妈妈我没拿。

但她不相信，非说是我拿走了，还翻了我抽屉、书本、衣兜，她这样做，让我既觉得羞辱，又有种报复的念头。

所以，之后我就开始有意撒谎，不管哪方面，对她都开始隐瞒、欺骗。明知道这样做毫无意义，也不愿意撒谎，但总觉得妈妈既然已经这样认定，我如果还实事求是的话，就很冤枉！

这封信虽然不长，但很清楚地再现了一个诚实孩子变成一个撒谎孩子的过程，希望父母们能够以此为戒。

你要想让孩子诚实，即便你怀疑孩子撒了谎，也有必要装作信任，从侧面不露痕迹地教育，这样才会收到良好的效果。

否则，孩子如果没有撒谎，无端被你怀疑，会产生逆反心理，心想已经被冤枉了，还不如真的撒谎，结果是你促使了孩子不诚实。

事实上，每个孩子，内心深处都不愿意撒谎，都希望做个诚实的孩子。他们之所以撒谎，有可能是因为受到不良暗示，需求没有得到满足，或者是为了躲避惩罚等等。

记得我小时候，比较顽皮，还经常与伙伴们打架。妈妈最讨厌我与别人打架，所以每次打架之后，妈妈不问原因，就开始重重惩罚我。

为了避免受到惩罚，有一次我又与同学打架，手被别人抓伤了，回家就对妈妈撒谎，说是与小猫玩时被挠破了，结果逃过了一次惩罚。

从此之后，我再与别人发生矛盾，动起了手，就会如法炮制，大多时候都能躲过劫难。

结果，我比以前打架更勤了。有一回还把班里一个小个子男孩打伤，他的爸爸找到我家里，妈妈这时候才知道我还是经常与别人打架，而且比以前打得更凶。

她十分伤心，哭着对我说："孩子，以后有什么事，你都要跟我说实话，妈妈不再随便惩罚你了。"

得到了妈妈这样的保证，又看到她为我打架这么伤心，我下定决心，不到万不得已，不用武力解决问题。

但有一次，一个同学找茬儿，我一再忍让，他得寸进尺，我就把他狠揍了一顿，回家后我一点都没隐瞒地告诉了妈妈。结果她不仅没批评我，还赞扬我学会了忍让、诚实。

有了这次体验，我再也没想过要撒谎。

成老师心语

诚实，是各种美好品质的基础，是与人良好交往的通行证，是事业有成的前提。父母教孩子学会为人诚实，做事诚实，孩子才会得到别人的信任，才能获得更多走向成功的机会。

具体在教育孩子的过程中，父母尽量先给孩子做出榜样，满足他的正当要求，不要对孩子所犯的错误一味惩罚，同时避免无端猜疑孩子，用科学的方法，从这些方面一起下手，我相信，你会拥有一个诚实的孩子。

培养孩子正直的品质

正直的品质，主要表现在有正义感，为人处世言行一致，真心实意，同情弱小，等等。教孩子学会正直，让他做一个堂堂正正、无愧于心的人，是每对父母不可推卸的责任。

有一次，老同学秦军来我家玩，两人闲聊的时候，谈起了我们以前的同学张健。

秦军说："你还记得张健这小子吗？那时候他家里穷，买书时向我借二十元钱，我见他没钱，就没要他还。可这小子，现在富裕了，知恩不报，我向他借两千元钱急用，他硬说没有！"

"别这样说他，可能张健也有难处。"因为我比较了解张健，他这个人还算义气，一般情况下，老同学借钱不会推辞。我对秦军的话半信半疑，所以不愿附和他。

"老同学，你怎么站在他小子那边说话？我想起来了，当初你们关系很铁。"

"爸爸，'铁'是什么意思？"在旁边玩耍的桐桐听到这个字，问我说。

"'铁'就是关系特别好。"我对女儿解释说。

"你是和张叔叔关系好，才替他说话的吗？"女儿刚才听到了我们谈话的内容，插嘴问我。

本来，我不想再和秦军争执下去，但看女儿这样问，怕误导了孩子，就解释说："爸爸说话做事，向来是凭事实，不会偏心。"女儿点点头，到别处玩去了。

这句话我是对女儿所说，老同学秦军也听到了耳里。他有些不悦，告辞回家，我没有挽留。

我不会因为讨好一个人，就背地里说另一个人坏话，也希望女儿受我行为的感染，做个正直的人。

如果你为了附和说话之人，当着孩子的面，背地里说别人的坏话，孩子受你影响，有可能也会沾染不好的言行。

做个正直的人，有什么话当面明说，避免违心的举止、言行不一致的行为发生，给孩子树立一个正直的榜样，教孩子做一个正直的人。

一天，桐桐放学回到家，哭丧着脸对我说："爸爸，今天小燕和小米打架了，小燕先打了小米，同学们都看到了，但因为她们知道小燕的爸爸是当官的，都害怕她，不敢出来证明。"

"你呢，不是也看见了吗？也像别的同学一样，歪曲事实真相？"我问女儿。

"我没有说话，本来想告诉老师真相，可是担心她不相信我。"桐桐听了我的话，有些委屈地解释说。

"老师会相信你的，明天告诉老师真相，做个正直的孩子。"我鼓励女儿，她点了点头。

第二天下午，我去幼儿园接桐桐，她一出校门，就冲着我跑了过来，搂着我的脖子说："爸爸，我跟老师讲了真相，她当着全班同学的面，夸奖了我。老师还向小米说了对不起，让小燕给她道歉呢。"

看着女儿做对事开心的样子，我也跟着她高兴。

现在的孩子，由于受不良风气的影响，很早就学会了屈从权势，不敢站出来说事实、讲真话，失去了应有的正义感，如此颠倒黑白，假若你此时不去及时引导，孩子会在不自觉中深受其害，日后再想改变就很难了。

为了巩固女儿正直的品质，使她一直保持着正直的行为，我在给她讲故事的时候，会有意指出哪些人身上具有正直的品质，让女儿向他学习。

同时，我还注意让桐桐观察周围发生的人与事，让她自己评判是非。

有一次，我带桐桐出去，楼下有很多小孩子在玩，桐桐也参与其中。玩着玩着，其中一个男孩和一个女孩吵了起来。我看着那个女孩先打了男孩子一下，男孩接着推了她一把，女孩就坐在地上，哇哇大哭了起来。

女孩的妈妈急忙上前，扶起女儿问："谁打你了，告诉妈妈？"

"是他。"女孩指着小男孩说。

"阿姨，是小妹妹先打那个男孩的。"女孩的妈妈正要向男孩发威，桐桐急忙走上前说。

女孩的妈妈只好作罢。我远远地朝女儿跷起了大拇指，她开心地笑了。

成老师心语

正直的品质，主要表现在富有正义感，为人处世言行一致，真心实意，同情弱小，等等。教孩子学会正直，让他做一个堂堂正正、无愧于心的人，是每对父母不可推卸的责任。

平时，你要注重对孩子进行品德教育，多给孩子讲一些正直的人的事迹，并给孩子在这方面做出榜样，及时纠正孩子有失正直的举止，这样才能有效地培养孩子正直的品质。

随时随地引导孩子做善事

善良是人类美好品质中的奇葩，拥有它，孩子会宽容待人，变得豁达、开朗，不会斤斤计较，而且能够主动帮助弱小，朋友因此增多，心情也更加快乐，甚至会有意想不到的回报。

周日的下午，桐桐要踢球，我就带着她去了广场，陪她踢着玩。

这时候，走近一对母女，孩子三岁左右，手里拿着一个芭比娃娃，看着踢球好玩，就把芭比娃娃放在地上，朝我走来。

我知道女孩也想踢球，于是冲她笑了一下，把足球递给她，并教她学着如何踢。不料，女孩拿到足球后，抱着它拉着妈妈就走，说什么也不愿意放手了。

桐桐一看，急忙跑上前去要。女孩手很快，伸手打了桐桐一下。桐桐哪里受得了这个，大哭起来，不过她没还手，我想她可能怕打疼了比自己小的孩子。

"这是小姐姐的球，你不能拿走。"女孩的妈妈一边从她手中夺球，一边说。但女孩死死抱住足球就是不松手。折腾了好长时间，桐桐才把球拿到手。女孩的妈妈生怕孩子再要，急忙拉着她离开。

"爸爸，我们接着踢球好吗？"桐桐说着话，转身准备继续玩，忽然发现女孩的芭比娃娃还在地上，急忙捡起来，问我说，"爸爸，怎么办？"

"给人家送去吧。"

桐桐急忙向前追赶，并且在后面喊："小妹妹，你的芭比娃娃落下了。"

女孩的妈妈听到了，停下脚步，接过芭比娃娃，抚摸了一下桐桐的头说："你真是个善良的孩子。"桐桐不好意思地笑了，看得出她十分开心。

孩子之间经常会发生矛盾，吵架甚至动手。这时候，如果你教导孩子记恨别人，那么孩子心中就会充满怨恨，伙伴减少不说，心情也会跟着糟糕。

你应教孩子善良，学着不计前嫌，原谅他人对自己的伤害。这样孩子宽容别人的同时，也放下了心中的怨恨，就会更加快乐。

一个周日，小米到家里找桐桐，两个孩子见了面，就开心地玩了起来。

"啊，真疼呀！"小米拿着刀玩，不小心碰到了手，流出了血，不禁叫了起来。

我听了后，急忙从书房里走出来，正看见桐桐一边拿着创可贴往小米手上粘，一边还安慰她说："忍住，过两天就好啦。"

看到女儿善良的举止，我十分欣慰。不过担心她弄不好，而且想查看一下小米手上的伤口，所以还是快步走上去，蹲在小米身边，查看她手上的伤口。发现只是划了一个小口子，于是我给她涂了点消毒水，粘上了创可贴。

完成这些之后，我没忘记夸奖女儿。"桐桐，爸爸为有你这样乐于助人的女儿而自豪。"我蹲下身子平视着桐桐说。

"爸爸，你做得也不差啊！"桐桐想到我刚才的行为，狡黠地回了一句。可想而知，她也为有这样一个善良的爸爸感到骄傲。

如果你对孩子的善良举止视而不见，或者批评孩子是个傻子。那么久而久之，孩子的善良行为就会减少，甚至一点都不会保留。

孩子主动帮助别人，你要及时表扬，赞赏他的善良，孩子好的行为受到肯定，得到强化，才能一直保持下去。

　　有一次，我从幼儿园里接桐桐回家，路上她看到一个年轻男士拿着许多包裹，就跑上前说："叔叔，让我来帮你拿包好吗？"

　　看到眼前几岁的孩子说出这样的话，那个青年有些惊诧。他环顾四周，想看看谁是孩子的家长。当他回头看到我时，见我对他点头微笑示意，知道眼前的小女孩就是我的孩子。

　　于是，他把手中最小的一个包递给桐桐说："好，帮叔叔拿这个吧。"

　　我也快步走上前，帮着年轻人拿了另外一个包，他不胜感激，一路上不时地夸奖桐桐是个好孩子。

　　大概走了一百多米，年轻人要走另外一条路，他接过我和桐桐手中的包，从里面拿出一个玩具递给桐桐说："这个给你！"桐桐不要，年轻人坚持要给，没有办法，桐桐这才收下。

　　嘿，桐桐帮助人竟然有了意外收获，她开心得手舞足蹈。

成老师心语

　　善良是人类美好品质中的奇葩，拥有它，孩子会宽容待人，变得豁达、开朗，不会斤斤计较，而且能够主动帮助弱小，朋友因此增多，心情也更加快乐，甚至会有意想不到的回报。

　　你应该随时随地引导孩子多做善事，教他做一个品德高尚的人。

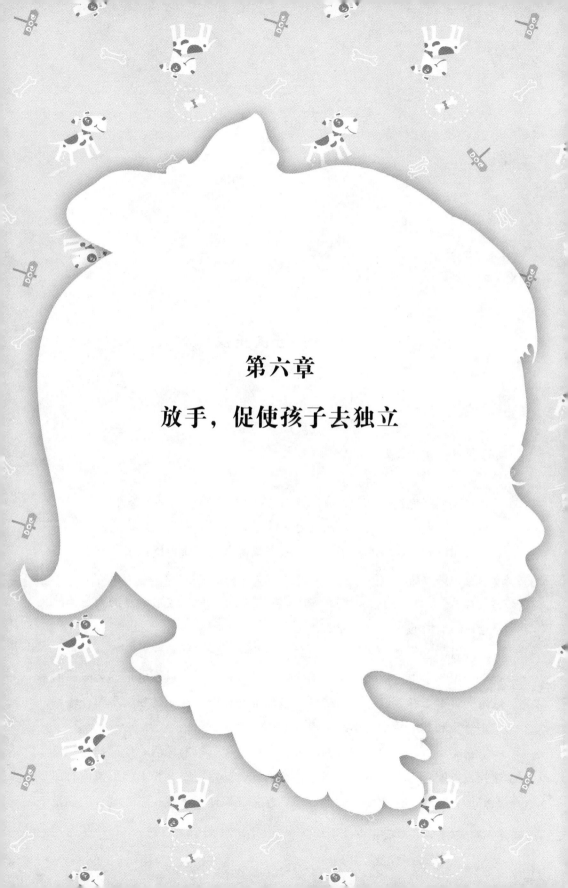

第六章

放手，促使孩子去独立

给予孩子民主权

在强权控制下长大的孩子，不是在压迫中沉默，就是在压迫中爆发。父母应该扮演的角色，绝对不是孩子的司令，所以，不能强制要求孩子什么必须做，什么不能做。

只有那些想把孩子培养成机器的父母，才会要求孩子无条件服从。"一言堂"的结果，不是和谐，而是更大的矛盾。孩子表面上是听话了，实际上心里却埋下了怨恨的种子。一旦孩子觉得自己有能力反抗了，那么亲子关系就会破裂。

春茗是我的发小，我们在一个胡同里长大。他一生最崇拜的人是他的爸爸，最痛恨的人，也是他的爸爸。

春茗的爸爸是一名司令官，我很小的时候，特别羡慕春茗有一个军人爸爸，用赵本山的话说就是"酷毙了"。当然，军人爸爸也是春茗向我们炫耀的资本。春茗以爸爸为榜样，事事学着爸爸的样子，一丝不苟，端端正正。我和其他几个发小嫉妒得牙酸。

初中后，春茗一改往日的心境，开始说他爸爸的坏话。他说他爸爸喜欢强权，家里不能有第二种声音，否则就会勃然大怒。我不能原谅他对那么好的人亵渎，还为此揍过他一拳。春茗气愤地回了我一拳，说："你没有经历过，你就没有发言权。"

"所有的父母都要教导孩子，这是正常的事情。让你一说，却成了强权。那按你说的，父母都不管孩子才好？"我问他。

"好，我问你，你知道我将来想要做什么不？"

"知道，你想成为一名诗人。"

"没错，可是你知道我爸怎么说我吗？做诗人，想什么呢？你的命运就是做一名军人。你没有选择。"

"做军人很好啊，要是我爸让我进部队，我得一蹦三尺高。"

"问题是我不喜欢。打个比方，以你这个体格，能在一部话剧里扮演公主吗？"

"开玩笑，有这么魁梧的公主吗？"

"就是，我怎么能接受我无法完成的角色呢？"

这些话，我当时似懂非懂。

春茗在高中毕业后就进了军校，之后他整个人都变了，不是变得特别精神，而是变得特别颓废。我这时才真正明白什么叫强权。

强权控制下的教育，会使孩子产生一种强烈的不自由感，孩子自然会产生抗拒，不是伤害父母，就是伤害自己。

桐桐现在很喜欢评论时事，虽然大多是人云亦云，但我喜欢她这样做。

那天，桐桐对药××一案发表看法："爸爸，我听新闻阿姨说，药××的爸爸对他太严厉了，他爸想让他做什么，他就得做什么。这才让他对他爸产生了仇恨。你可别这样，我不想恨你。"

听着桐桐稚嫩的声音说出这样的大道理来，妻子忍俊不禁，她问道："那爸爸做了什么，你会恨爸爸？"

"我想想，就有一件事，我恨过爸爸。"

"哪件？"我一听，很紧张。

"就是我放在书桌上的纸条被你收进了垃圾桶。你怎么可以不经过我的同意呢？这是暴力，你知道吗？"

我连忙悉心认错。桐桐潇洒地摆摆手说："认错态度好，原谅你了。"妻子在旁边哈哈大笑。

当父母尊重孩子，给予孩子说话的民主权，那么孩子就会忘掉父母无意间对自己的伤害，并愿意和父母保持亲密关系。

我到北京一所中学做演讲时，有一位妈妈问我："请问成老师，我怎样才能让我的儿子乖乖地听话？"我对她说："听话的孩子就是好孩子吗？你能保证你说的每一句话都是对的吗？如果不对，那是不是误了孩子？"

那位妈妈听了，愣了半天，才说："也是啊。我无法保证我的每一句话都是对的。"另一位妈妈也加入了话题讨论中，她说："成老师说得太有道理了。我总觉得现在的父母，就喜欢拿自己的模具来套孩子，像个工匠，对孩子一通削削砍砍，使孩子残缺不全。"

我说："是啊，孩子又不是木头，为啥要乖乖地任凭父母削砍呢？父母太强势，必然要遭到孩子的反抗。孩子小的时候可能不敢反抗，可是到了青春期肯定会突然爆发，并一发而不可收。"

提问题的那位妈妈连忙说："那你说，我说得对，他也不听，怎么办呢？"我问她："你总是以命令的口吻来和他说话吗？"那位妈妈想了想，不是很肯定地说："没有吧，我只是说：小慧，你不要这样，这样不好。"

"这就是命令啊。即使没有进入青春期，孩子也不希望自己总是被命令，显得他没有任何作为。你为啥不这样说：小慧，你看这样好不好？你和孩子商量着说话，就等于让孩子自己进行反思。"

"我明白了。你是说，这样做，孩子就不会想着和我对抗，而是专心想问题本身了。是不？"那位妈妈问道。我点点头。

真正爱孩子的父母，会考虑孩子的需要，给予孩子民主权，而不是强权压迫，让孩子唯命是从。压迫和反抗，两者之间从来就不能和平共处。

成老师心语

在孩子的整个成长过程中，自由意志都在发挥着重要的作用。而在强权下成长的孩子，自由意志受到摧残，孩子变得不自信、逆反，而又没有上进心。孩子的全部身心都在进行反抗，反而疏忽了学习和成长，这又会成为强权父母的打击点。至此，亲子关系成了打击和反抗关系，并会形成恶性循环。

给孩子属于自己的时间和空间

你应该适当为自己减负，给孩子留出可支配的时间和空间，这是孩子身心健康发展的前提；孩子有自由的时间和空间，才会度过快乐的童年，这是奠定幸福一生的基础。

有位朋友是一所学校里的班主任，他说前段时间，学校让老师把班级里学生在校外报辅导班的情况统计一下。真是不统计不知道，一统计，才发现现在的孩子那么忙。

他班上有个孩子，报了三个辅导班：奥数、钢琴、新概念英语。朋友说他知道后，心情很复杂，既有欣喜，也有同情。那时，他也突然记起曾有个孩子给他留过一张纸条：老师，您能少布置点作业吗？我没时间做。他现在知道是什么原因了。

来自家庭、学校、社会的压力，已经远远超出了孩子所能承受的范围。每天在学校里，要认真学习必修课，课下还要做家庭作业。而你，为了提高孩子的竞争力，还为孩子报了很多培训班。不可否认，有的孩子确实是想通过培训班提升自己的能力。但是，更多的孩子，是迫于无奈，甚至在一次习作中，一个学生惊呼道："我哪里还有属于自己的时间和空间啊？我完全成了时间的傀儡！"

这让我记起了自己的童年，那时候的自己每天都在轻松和快乐中度过，上学、放学，很短时间就能完成的作业、无忧无虑的假期……

记得当时，我们班上有位同学，他家里有架漂亮的钢琴，我们都很羡慕他。可是他好像并不这样认为，他说，他一点也不喜欢弹钢琴，现在一接触到琴键，他的手指就变得僵硬。没办法，家里给他买了，他不想辜负大人对自己的期望，只能违心地将其作为自己的兴趣了。

他没有时间和我们一起踢球，一起捅马蜂窝，一起听老爷爷讲故事……自然也就错过了很多童年的乐趣。偶尔，我们邀请他和我们一起玩，他说："我哪有时间？回家就要练琴。"说得很落寞。后来，我们满心以为，他会成为著名的钢琴家，可是，他却因为性格内向，不善与人交流，而被机会挡在门外。

占据孩子的时间和空间，最终得到的，也并不是你最初所想的，这不得不说是家庭教育的失败和悲哀。

上一次，大学同学聚会，为人父母的我们不自觉地会谈到孩子的教育问题。"社会竞争太激烈了，孩子长大后，还不知道会是什么情况呢。所以我们就要从孩子小时候开始着手培养他们，免得和现在的我一样，什么技能都没有，单位如果让下岗，咱肯定是最先被考虑的。"

"可不是嘛，我家孩子报了奥数班，最初我也觉得孩子没必要学那个，可是,我一看培训班门前前来送孩子的和咨询的家长，我就坚定了自己的想法。"

"我也不想打孩子时间的主意，可是真是没办法……"

大家你一言、我一语地发表着自己的看法。

功利心很重的你，在社会上承受压力，于是，你也将这种压力传达给你的孩子。你为孩子选择培训班，将孩子看电视、写作业、睡觉的时间挤占得满满的。

你也许没有想过，这样做的效果好吗？孩子会按照你的想法和安排发展吗？有的孩子惧于你的权威，可能会听你的。但即使孩子听你的，他的内心还是会很抵触。这样容易造成你和孩子之间关系的紧张。

刚上初中那会儿，我喜欢在晚上睡觉之前做作业，而不是放学回家后立即写作业。最初，妈妈不理解，觉得我是在偷懒，她还是希望我放学回家先写作业，再吃饭，然后睡觉。

妈妈的严肃语气最初让我没法反抗，只好按照她说的那样做。可是，事实表明，我按照妈妈的安排去做，不仅作业质量不高，而且对知识的记忆也不牢固，远没有按照我自己的打算那样有效。

一天晚饭后，我主动找妈妈，说："妈妈，您让我自己安排时间吧，您给我一个月的时间。如果效果比较好，那您就让我自己安排，好吗？"

因为我给妈妈下了保证，所以，妈妈答应了我。我按照自己的习惯去做作业，看书……妈妈不再参与管理我的时间。半个月之后的考试，我的名次在班上也上升了。这下，妈妈才放心。我的成绩不错，家里的气氛也轻松了很多，充满了欢声笑语。我的读书生活也变得快乐起来。

成老师心语

教育学家陶行知先生曾提倡对孩子要解放头脑、双手、眼、嘴、空间、时间。实质就是要求给孩子多一些自由。而自由的时间和空间则是首当其冲的。

你应该适当为自己减负，给孩子留出可支配的时间和空间，这是孩子身心健康发展的前提；孩子有自由的时间和空间，才会度过快乐的童年，这是奠定幸福一生的基础。

给孩子发表言论的权利

在成长的过程中，孩子的人生观和价值观逐渐形成，无论面对什么事情，父母都要允许孩子发表自己的看法，不要嘲笑孩子。

作为父母，教育孩子的时候不能过于教条，只给孩子规则。让孩子做好自己，还要能让孩子睁眼看社会，适应这个变化的社会。因为即使你不这么做，孩子也得生存在这个社会上，也得服从于这个社会。

桐桐是一个管事精。不知道什么时候，她学会了"路见不平，拔刀相助"这句话，就身体力行起来。

那天，桐桐和奶奶去买菜，在小区里的收废品处，碰到两个人在吵架，一个是小区里的住户，一个是小区里外来的收废品的。

住户把自己的废旧电脑给卖了，可是收废品的刚走一会儿，住户就后悔了，他立马去追赶收废品的。可收废品的已经把那电脑拆了，把好的零配件装在了自己的机子上。

住户仗着自己是本地人，有点欺人，非要收废品的人赔，还要搬走那台新修好的机子。收废品的很生气，说："我都已经付钱了，我又不是抢的，你怎么这么不讲理呢？"

住户很蛮横地说："说我不讲理，我就真不讲理了。我的东西，我有权利支配它，你要是不给，我就有资格搬走这台新的。告诉你小子，你要是不给，我叫你明早就从这里消失。"

明摆着，这是欺负人的事，桐桐看着看着就生起气来，她就走上前去，拽了拽那个住户的衣服，说："叔叔，讲文明懂礼貌。你不能做坏人。"

桐桐奶奶一看吓坏了，她本性善良，不愿意惹事，赶紧拉着桐桐走，但桐桐却好不甘心，非要说出个子丑寅卯来。

晚上回来，桐桐就把这件事告诉了我，我非常害怕小女孩在外面管事时遇到伤害，但是还是肯定了她的这种做法。

孩子的眼睛有时候比大人还雪亮，因为大人常常被懦弱和世故蒙蔽了双眼。我们既要保护孩子的安全，也要允许孩子表达自己对事物的看法。

博友聚会的时候，"将军二世"讲了他和儿子的事情。

"将军二世"和儿子一起去看一个亲子表演，演员里有一个是当时很著名的演员。在进入剧场的大厅时，"将军二世"和儿子看到了那位著名的演员。

很多人都蜂拥过去，让那位演员给自己签名，"将军二世"的儿子也往里挤，但是人太多，他们很靠后。"将军二世"只好把儿子举过头顶，让他越过人群和那位演员说话。

那位演员很快就看到了"将军二世"的儿子，还主动问他问题："你喜欢我表演的节目吗？"

"将军二世"的儿子在看到那位演员的时候，非常兴奋，因此，"将军二世"以为，儿子对这个问题的答案一定是："喜欢。"

谁知儿子却说："不太喜欢。我觉得你的声音有点假，要是声音再真点就好了。"

那位演员非常尴尬，一旁的工作人员连忙打圆场，说演员要上台了，得回去准备了，然后就前呼后拥着走了进去。

"将军二世"说,听了儿子的话,他比那位演员还尴尬,等到演员一走,他将儿子放下来,训斥道:"你怎么这么不会说话?说什么不好,偏偏说人家声音不好听。不好听你还天天听?"

儿子被"将军二世"训哭了,不愿意再进剧场。"将军二世"想了想,觉得自己有点过了。

所谓童言无忌。很多父母都希望孩子能多长几个心眼,别傻呵呵的心里有什么就说什么。其实纯真是做孩子的幸福,也是孩子的最大资本,干吗要排斥孩子说真话呢?

我和妻子在商场给桐桐买衣服时,卖衣服的大姐认出了我。她高兴地说:"您今天买什么我都给最低的折扣,就是有一个条件:能否帮我解决一个问题?"

我问她什么问题,她说,她有个儿子,叫志明,上五年级了,最近和同学一直在名字上较劲,其实这事还跟他一点关系都没有。

志明和几个对文学感兴趣的同学自发组织了一个文学社,名字叫春芽。班里一个叫付明时的男生做了社长。志明一直不喜欢这个社长,说他浪得虚名。

文学社开了几期之后,社长就让每个人起一个笔名。付明时和文学社里一个叫张燕的小姑娘起重了,都叫新蕾。在社里公布时,张燕一听重名了,就连忙说自己会改。

志明马上提出异议,他说:"新蕾更像女孩子的名字,要改也应该是社长改。"付明时一时有些下不来台,就没有同意。

志明就对文学社的其他人员说,付明时没有气度,没有才华,他不应该当上社长。付明时一时生气,就打了志明。之后,老师也找志明谈话。

大姐讲了这件事后说:"成老师,我告诉儿子,做好自己的事就行了呗,管那么多干吗?他天天跟我犟嘴,说他就要说。这两天正闹得凶,还要找校长,你说我该怎么办啊?"

这位大姐并不偏袒自己的儿子，这难能可贵。但是我对她说："文学社是自由的，孩子有权发表自己的观点。父母需要做的就是让孩子的观点不过于主观就行。"

　　很多父母害怕孩子在外面得罪人，因此，不管孩子的观点是否正确，都以不惹事为原则教育孩子。但即使孩子错了，你也应该让孩子说，只有说出来，被众人检验后，他才能醒悟。

成老师心语

　　当孩子对身边的事情发表自己的言论时，不管是幼稚的，还是偏执的，抑或是危险的，都应该允许孩子说话。能说话的孩子才有想法，敢说话的孩子才有胆识。但是当孩子说错的时候，父母要负责帮助其纠正；孩子说的话会得罪人，有危险，父母要能够适当地保护孩子。

让孩子自己做决定

生活对每个人来说，都是自己的，自己决定自己的生活，是件美妙的事情。对孩子来说，也是如此，没有任何事情比自己做决定更能唤起孩子的美好感受了。

桐桐到了上幼儿园的年龄时，我和妻子便在为她上学的事情奔波了。我们当时有两个选择：一个是让桐桐去一个离家远，但是声誉比较好的学校；另一个是选择离家近的这所幼儿园，但是教学条件没有前面提到的那家好。

我和妻子当时的决定是我们多吃点苦，尽管来回接送花费时间，但是总归要让桐桐上那所比较不错的学校。我们商量好之后，就将这个决定告诉了桐桐。没想到，桐桐对我们的决定不但不领情，还很不满："你们怎么不和我商量一下呢？我不想去那么远的学校，小米和小雪都在我们家附近这所学校，我如果去那个幼儿园，就没人和我玩了。"

"你还可以结识很多新伙伴的，傻孩子。"我对桐桐说。

"我就是傻，我就是傻，我就想在这所幼儿园上学。"桐桐说。

正当我和妻子左右为难的时候，桐桐又悄悄跑到我们面前说："爸爸，你和妈妈都那么忙，如果我的学校离家远，会耽误你们多少时间啊？可我如果在这所学校，自己就可以走着回家，也用不了多长时间。"

我和妻子听桐桐给我们分析，觉得她像个小大人。是啊，孩子的事情不是什么都需要我们为她安排，她也有了自己的主见。这是应该高兴的事情啊。所以，我和妻子同意了桐桐的想法，尊重她的决定，让她"就近入学"。

这虽然只是件小事，却给我和妻子很大的启发：不能总是拿她当不懂事的小孩子了。她开始逐渐有自己独立的思想，我们能做的，是尊重她的成长，尊重她的决定。

那天，桐桐放学后，雪莉叫她去附近的操场玩。当时，桐桐身上正穿着一条漂亮的小裙子。妻子让她换上裤子，因为桐桐在玩的时候经常会受伤。可是，桐桐不肯脱。妻子给她讲了很多道理，她也不听。

"那就别让她换了。让她自己决定吧。"我和妻子说。我刚说完，桐桐就跑出去玩了。

"成伯伯，你快去看看吧，桐桐的腿摔破了，都流血了。"雪莉气喘吁吁地跑来和我说。

"我说什么，让她换裤子，她还不听。"妻子开始发牢骚，我马上去操场看桐桐。还好，只是皮外伤，没伤着骨头，我将她送到附近的医务室包扎了一下。回家后，桐桐羞愧地对我和妻子说："爸爸妈妈，我该听你们的。你们是为了我好。"

"爸爸就知道可能会出事，所以才给你自己决定的机会，让你自己吃点苦头，今后就知道什么该听大人的了。"

妻子恍然大悟，她明白了我为什么要桐桐自己做决定，那是为了更好地教育桐桐。

说到尊重孩子的决定，我不由得想起之前来咨询的一位爸爸。他进门的时候，我就能明显感觉到他情绪的失落，以及透露出的焦急。

"成老师，我家孩子明年要参加中考，他的成绩在班上并不是很理想，所以他的班主任建议他今年参加个体育特长班。"他说到这里的时候顿了顿，期待我发表自己的意见。但是我没有，我想让他继续说下去。

"我和妻子都不想让他学体育，要知道，我和妻子当年都是学校里的高材生。如果别人知道我的孩子是靠特长降分升入高中的，那我脸上多没面子啊。"说完，自己还摇头说，"不行不行。"

"那孩子的意见呢？"

"孩子是同意老师的提议。可是我的心里过不了那道坎。"他补充道。

"你不让孩子练习特长，孩子仅靠文化分可以考上高中吗？"我反问他，"孩子考不上高中，那你会觉得有面子吗？你不该为了满足自己一时的面子，让孩子去做根本就做不到的事情。你要考虑孩子的实际情况，也应该照顾到孩子的想法和建议，因为人生毕竟是他自己的。"

这位爸爸似乎也想通了，临走的时候说不再限制孩子，让孩子自己去决定吧。后来，听说他的孩子以特长生第一名的成绩升入了本市最好的高中。

成老师心语

孩子是一个独立的个体，有自己做决定的权利，一个不能自己做决定的孩子，也就难以对自己负责。即使孩子的决定是错误的，那也是对他们的教育，孩子能从中清楚地知道什么是对的，再遇到这样的情况该怎么做。

因此，你不妨做一个不替孩子做决定的"懒爸爸"、"懒妈妈"。

放手，而不是代替

你不可能一直在孩子身边庇护孩子。如果不放手，孩子不去尝试，纵使减少了失败的次数，却也不会获得真正的成功。某一天，你会发现，孩子自己动手，也会做得很好。

我曾经看到过这样一则报道：

又到某个学校大扫除的时间，却见很多父母拿着扫帚和抹布、端着水盆，站在门口，等待老师安排任务。其中，还有位自称是"领导"的爸爸派了两位助手来帮忙大扫除。

这让老师感到很无奈，一问学生，才知道，这根本就不是孩子的意思，而是父母硬要来帮孩子的。

老师要求父母回去，让孩子自己来大扫除时，有位妈妈不愿意了，她说："那可不行，我家宝贝在家从来没打扫过卫生，万一孩子擦玻璃的时候不小心掉下去了，怎么办？"她的话，让老师无言以对。

你从爱护孩子的角度出发，不希望孩子在学校里参加大扫除，表面上是在疼孩子，实际上则是剥夺了孩子劳动的权利和机会，对于孩子今后的独立，是没有好处的。

孩子总有一天会离开你的身边，那时候，自己的动手能力就显得格外重要，所以，你不能总是包办代替，而应该给孩子自己动手的机会，该放手的时候就要学会放手。

我刚上小学的时候，晚上做作业，妈妈都会守在我旁边，遇到我不会的问题，妈妈就会告诉我该怎么做，或者将正确答案给我写出来，我直接抄上就行。这样，我就对妈妈产生了很强烈的依赖心理。

可是，在学校里，妈妈就不能陪我了。特别是有一次，一道数学题很难，班里就我自己做出来了。老师很高兴，让我给同学们讲讲我是怎么做的。天啊，那是妈妈帮我做的，我怎么会讲？

那次，我很尴尬。我当时就决定，以后做作业再也不要妈妈陪了。妈妈很开心地说："看来你是真的长大了，妈妈也该放手了。"

这样一来，我的自觉性得到了锻炼，只要自己不会做的题目，就会用心思考，实在做不出的，我再去向妈妈请教，直到自己真正弄清楚为止。

我记起前段时间在路上遇见小郭，她手里牵着一个孩子。

"孩子，你叫什么啊？"

"我叫——"

"她叫妍妍。"孩子想说的时候，小郭替她回答了。

"那你几岁了？"我问孩子。

"她今年四岁了。"又是小郭替她回答了。妍妍再看我的时候，先看了看小郭的脸，然后躲在小郭身后了。

后来，碰到另外一个同学，和她闲聊的时候，她说："你知道吗？

小郭的孩子现在都四岁了，可是话还说不清楚，明显比其他孩子语言迟钝。"

我说我知道那是什么原因：很多时候，小郭都代替妍妍说话，在她的长期代替下，妍妍不论做事还是说话，都是缩头缩脑的。

这是对孩子的爱吗？显然不是，这是对孩子的变相伤害。或许，小郭现在也意识到了这个问题。她应该做的是：放手，该让孩子说的就让孩子去说，不剥夺孩子说话的权利。

我把我的意思和小郭说了之后，小郭也有同感，她还说会按照我说的那样去做。

在某种程度上，妍妍是幸运的，因为小郭知道自己的错误了，并且能及时纠正，可是有的孩子，就没有那么幸运了。父母的一味包办，使孩子得不到锻炼的机会，容易对自己产生挫败感。

一天，桐桐回家后说给我讲讲幼儿园发生的有趣的事情，可是听完这个故事，我一点也不觉得好笑。

"今天老师发给我们的水果是橘子。可是，老师刚发下来的时候，有个小朋友就哭了起来。老师还以为他觉得发给他的小，就给他换了个大的。可他还是哭。老师便问他怎么了，他说太难吃了。"桐桐说。

"爸爸，你说他为什么觉得难吃啊？"桐桐故弄玄虚地问我。

"他竟然不知道橘子是要剥皮的。"桐桐哈哈大笑。

"我们班里的同学都笑他，他觉得很没面子，又哭了，还一直说：'不怪我，要怪就怪我妈妈，每次都是她帮我剥好，我哪里知道橘子是要剥皮的啊？'"

桐桐说，从那之后，那个小朋友就变得很自卑，害怕同学再笑话他。

其实，这是家庭教育的失败，不对孩子放手，孩子不能自己动手，在其他孩子面前就会出丑，造成自信的缺失。这是对孩子身心的摧残和伤害。

成老师心语

现在的孩子，生活和学习中的很多事情，一般都是在你的代替下完成的，你却不知道这是剥夺了孩子动手实践的机会。孩子动手，可以帮助孩子树立自信，从而体会成功的快乐。

你不可能一直在孩子身边庇护孩子。如果不放手，孩子不去尝试，纵使减少了失败的次数，却也不会获得真正的成功。某一天，你会发现，孩子自己动手，也会做得很好。

让孩子学会自己管理自己

古人云："君子慎独。"教孩子学会自我管理，并不是要求你完全放手，而是要求你由"明推"改为"暗拉"，让孩子学会自己管理自己。

看过这样一个故事，觉得很受启发：

小蜗牛问妈妈："妈妈，为什么我们从生下来，就要背负这个又硬又重的壳呢？"

妈妈说："因为我们的身体没有骨骼的支撑，只能爬，又爬不快。所以要这个壳的保护。"

小蜗牛问："毛毛虫既没有骨头，也爬不快，为什么她不用背这个又硬又重的壳呢？"

妈妈说："因为毛毛虫能变成蝴蝶，天空会保护她啊。"

小蜗牛说："可是蚯蚓没骨头爬不快，也不会变成蝴蝶，那他什么不背这个又硬又重的壳呢？"

妈妈说："因为蚯蚓会钻土，大地会保护他啊。"

小蜗牛哭了起来，说："我们真可怜，天空不保护，大地也不保护。"

蜗牛妈妈安慰他："所以我们有壳啊！我们不靠天，也不靠地，我们靠自己。"

这个故事旨在告诉我们：想要在这个社会中生存，每个人都要靠自己，要学会管理自己。管理自己的能力不是与生俱来的，是要在生活中逐渐培养的。

一天，桐桐回家后，说："爸爸，今天老师告诉我们，不管自己出去干什么，都要先告诉家里的人。"

"那你知道为什么出门之前要告诉家里人吗？"我不想让桐桐只是了解皮毛的东西，所以想让她对此了解得更加透彻一些。

"那样，你才会知道我去哪里，才不会担心啊。"

"还有，你告诉家里你去哪里，爸爸妈妈才能知道你去的地方是不是安全。"我说。桐桐点点头。

"那万一你在街上走丢了，怎么办啊？"这样的情况时常发生，所以我试着问桐桐。

"我会给你打电话的，家里的号码我都记得清清楚楚的。"

"家里没有人呢？"我继续问桐桐。

"那我就自己走回去，我知道咱家的地址。"

在桐桐的意识里，有了地址就能走回去。

"知道地址也不一定能走回去啊，说不定你在的位置离家很远呢。"

"我就问路上的叔叔阿姨，让他们告诉我该怎么走。如果有警察叔叔，我就问他们。"

"对，这是个好办法。你最好问警察叔叔，他们会帮你和我们联系，然后我去接你。如果没有警察叔叔，你最好问附近商店里的人，万一在路上遇见坏人，那就危险了。"

"爸爸，坏人多吗？"桐桐问我。

"不多，好人多，可是你分不清好人和坏人啊。所以，你出门的时候才要格外小心呢。"我安抚她。

这样，桐桐知道了世界上有好人和坏人之分，也知道了简单的保护自己的方法。这是我教给桐桐自我管理的第一步。

桐桐四岁的时候，有一次，妻子要洗衣服，桐桐跑过来说："妈妈，你上班太辛苦了，我来帮你洗衣服。"妻子也觉得这是锻炼桐桐自理能力的好机会。

那是桐桐第一次洗衣服，自然还没有掌握洗衣服的要领。妻子在一旁给她指导："要先将衣服分类，能够水洗、不能够水洗的分开；再将褪色的单独分出来。"还教给她如何放洗衣粉、放多少水等。

在妻子的帮助下，桐桐学会了洗衣服。桐桐还要妻子教她如何做家务。妻子很开心，因为她知道，经过这样的锻炼，即使我和妻子不在家，桐桐也可以照顾自己。

说到孩子的自我管理，自我情绪管理也是很重要的一方面。

桐桐很小的时候，我和妻子工作忙，她就由爷爷奶奶带着。爷爷奶奶疼爱孩子，把孩子视为"小祖宗"，什么事情都顺着桐桐的性子来。桐桐说吃橘子，就不能给她拿苹果。

在爷爷奶奶的娇惯下，桐桐变得蛮横，在别的小朋友那里，也不受欢迎。桐桐快上幼儿园了，我们把她接到自己身边，才发现她的情绪那么不稳定。

有一次吃饭前，桐桐要吃薯条。如果吃了薯条，吃饭的时候，桐桐就会吃得很少。我和妻子给桐桐讲道理，她就哭闹不停，根本听不进去我和妻子的话。

妻子和我使了个眼色，我们就去餐厅吃饭，只留桐桐一个人在客厅。

过了一会儿，桐桐的哭声小了。我和妻子还是继续吃饭，桐桐见我们真的不答应她，就不再做声，乖乖来吃饭了。

那次之后，我和妻子不答应她的时候，只要告诉她理由，她就不会哭闹。

孩子对自己情绪的控制能力不强，需要你用些方法帮助孩子控制自己的情绪，时间长了，孩子就会管理好自己的情绪了。

成老师心语

古人云："君子慎独。"教孩子学会自我管理，并不是要求你完全放手，而是要求你由"明推"改为"暗拉"，让孩子学会自己管理自己。孩子一旦掌握了管理自己的能力，就会对他的未来有很大帮助。

让孩子经受挫折的洗礼

孩子只有经受了挫折的洗礼，对挫折的承受力才会提高，挫败感才能减弱，能力才会增强，成就感才会更大，人生的路才会走得更加顺畅。

一天去超市，我看见一个六七岁大小的男孩，拿着一双溜冰鞋不撒手。旁边的妈妈说："孩子，家里不是已经有一双溜冰鞋了吗？等那双穿坏了再买新的。"

"不行，我现在就要买。"男孩固执地说。

妈妈见孩子不通情理，自顾向前走。男孩看她走了，在超市地上打着滚大哭，以吸引妈妈注意。妈妈不理男孩，头也不回地朝前走，男孩见自己的哭闹没有收到效果，爬起来哭着去追赶，不再喊着要买溜冰鞋了。

这时候，妈妈停下来，给孩子一边擦拭眼泪一边说："孩子，妈妈爱你，但溜冰鞋你已经有了，现在不需要再买。以后，随着你逐渐长大，还会有更多想要的东西，但并不是你想要什么就能够得到，你必须学会调整自己。"

孩子抽噎着，似懂非懂地点了点头。

我很欣赏这位妈妈的做法，她给孩子讲明了不买的原因，并坚持到底，让孩子知道自己的要求不合理就不会得到满足，这样以后孩子再有类似的想法，就会控制自己。

同时，她还让孩子明白这样的挫折日后还会有很多，面对类似的挫折，只有调整自己，别无他法。这样就有利于孩子将来更理性地面对挫折。

桐桐舞蹈跳得不错，老师多次夸奖，她也自我感觉良好。

有一次，幼儿园举行少儿舞蹈比赛，桐桐觉得自己能拿第一，我和妻子也这样认为。但在比赛中，因为桐桐不小心摔了一跤，只获得了第三名。

桐桐很伤心，从台上下来一直不说话，我看到她眼圈都红了，十分心疼，但却使不上力。

这次挫折让桐桐受到的打击很大，她从来没有这样难受过。

我上前抱着她，安慰说："桐桐，爸爸知道你心里不好受，不过，你想想那些没获得名次的同学，还有那么多不会跳舞的同学，你是不是比他们强多了？"

桐桐点了点头，我看她情绪好转了一些，又说："这次失误了，以后吸取教训，同时刻苦练习，争取下次夺得冠军，这才是你当前应该做的事情，你说是吗？"

桐桐听我说得有理，又点了点头。看桐桐的心结解开了，我放心多了。

我想，如果下次桐桐再遇到类似的情形，就不会像现在这么伤心了，也应该知道如何去做了吧？

比赛就会有输赢，有前后名次。每个人都不会是常胜将军，谁也不可能永远拿第一。

这次孩子比赛失败了，你帮助孩子正确认识挫折，让孩子从挫折的阴影中尽快走出来，告诉他以后吸取教训，下次孩子才有可能夺得冠军。

前天，有一家三代七口人来找我，焦点是那个男孩，十岁左右；年轻的夫妇是男孩的爸妈；四个老人分别是男孩的爷爷、奶奶和外公、外婆。

他们来找我是因为男孩说什么也不愿意去上学了。

我听后问他们："你们知道孩子在学校里经历了什么事情吗？"

"孩子在学校与同学关系不和，多次打架，与老师也发生过顶撞，现在孩子就是不愿到学校去了！"孩子的妈妈说。

"为什么会出现这样的情况呢？是不是因为你们对孩子太娇宠了，孩子平时要什么你们都给满足，从来都没有拒绝过孩子，没让他经受过挫折？"我已经基本上猜测出来了，所以直接问他们，六个成年人不约而同地点了点头。

"如果你们再这样下去，孩子依然不会适应学校的生活，将来受到的挫折还会更多。唯一的办法，就是让孩子经受挫折的洗礼，孩子无理的要求一定要拒绝。使孩子明白是非，教孩子与别人和平相处，帮助他适应群体生活，这才是真正爱孩子。"

六个人谢过我，带着孩子回家了。我希望这个孩子在经受挫折之后，能够很快融入到同学中去。

成老师心语

你要为孩子扫除生活中的障碍，不让孩子经受任何挫折，这样看表面上是为孩子着想，但实质上只会使孩子将来遇到的挫折更多，而且因为孩子对挫折的承受力差，轻易就会被挫折击垮。

所以，你必须让孩子经受挫折的洗礼，该他去做的事情，拒绝插手。

因为每个人，在这个世界中都不可避免地会遇到大大小小的挫折，孩子只有经受了挫折的洗礼，对挫折的承受力才会提高，挫败感才能减弱，能力才会增强，成就感才会更大，人生的路才会走得更加顺畅。

培养孩子的动手能力

你要让孩子多做事，在孩子做事情的时候，还不要过多地去干涉，让他自己想办法解决，这样不但提高孩子的思考能力、创造能力，而且还能让孩子体验到成就感。

桐桐小时候，我就注重培养她的能力。力所能及的事情，我会让桐桐自己做，比如穿衣服；看似孩子不能做的事，如果她要做，我也会尽量支持，以提高她的生活自理能力、动手能力。

有一次，我给桐桐削铅笔，她看着好玩，要自己削。

我觉得孩子这样做有些危险，弄不好会割破手，但想到她马上就上一年级了，在学校里铅笔断了，必须由自己来削，于是我就把小刀与铅笔递给桐桐，叮嘱她小心一些。

最终，小刀还是把桐桐的左手食指划了一个小口子，流出了血。

我十分心疼，急忙找来创可贴，止住血、包扎好。做完了这些，我把小刀与铅笔再次递给桐桐，让她把没有削好的铅笔完成。桐桐看着刀有些犹豫，不过最终还是接了过去，小心翼翼地削好了铅笔。

这次经历，桐桐受点小伤，不过她却十分高兴，而且特别自豪，经常在伙伴面前夸耀说："我会削铅笔了！"

虽然孩子还小，我放手有些早，但为了孩子将来着想，我清楚地知道自己应该这样做。有时候，我会悬着心，而孩子也会偶尔有些磕碰、小伤，但这与孩子的收获相比，却不值得一提。

你不让孩子尝试着做事，孩子就永远不会做，生活不能自理，其他能力也就无从谈起。因此，你应该早一些放手，让孩子亲自去接触各种事物，学做各种事情，虽然这样会花去你更多的时间与精力，孩子也可能因为比较小容易受到磕碰，但相对他所获得的能力来讲，这样的代价值得付出。

一次，我到公园去散步，走累了坐在一个长椅上休息。

一会儿，走过来一对父子，坐在了我旁边。男孩大概五六岁，一坐下来，就专注地摆弄手中的拼图，一直不抬头。

可能这个拼图有些复杂，孩子第一次玩它，所以很长时间都没有搞定。父亲在旁边看着，十分着急，伸手把拼图拿了过来。

"不是那样，看我，应该这样拼。"他一边说着话，一边三下五除二，把图拼好了。

"给你，知道怎么拼了吗？"父亲嘴里说着，把拼好的图递给儿子。

"啪。"拼图被男孩扔在了地上，他还不解气，又上前狠狠地踏了几脚，然后往前跑去。男孩的父亲不知道孩子为什么发这么大的火，尴尬地看了我一眼，急忙去追儿子。

孩子做事，因为手生，再加上没有经验，智力也达不到成人的高度等，往往一件简单的事情，会花费很长时间。这时候，你可能会看着着急，因此上前帮忙。这样看似在帮助孩子，但有可能会惹得孩子不高兴，并且你这样做，不但剥夺了孩子探索的权利，还会阻碍孩子能力的提高。

有一次，桐桐看我搬被褥晾晒，也自告奋勇地去拿。桐桐人小，个子

也不高，力气不够大，根本就拿不起一床被子来。

我没有因此拒绝孩子，而是一边递给她被子，一边说："桐桐，咱俩把它抬出去好吗？""不，我就要一个人拿。"

听桐桐这样说，我忽然意识到应该让孩子知道与人合作的重要性了。于是，我一边直接把被子放到桐桐的小手上，一边说："你自己拿吧。"

桐桐吃力地弯着腰抱着被子，下面的被角耷拉到了地上。

"爸爸，赶快接住，我拿不了，还是咱俩抬吧。"桐桐气喘吁吁地说。

我拖住下面的被子，与桐桐一边朝外抬，一边说："你知道一个人拿不了了吧，以后你会遇到很多这样的情况，所以你不能一意孤行，要学会征询别人的意见，提高合作能力，才能达到目的。"

"我晓得了，爸爸。"桐桐笑着说。我不知道孩子是否完全明白了我的意思，但这次我用事例告诫桐桐的结果，应该会影响到她今后的行为。

成老师心语

现在的社会，一个人要想有大的作为，就离不开与人合作。一个人的合作能力如何，影响着一个人的成功。

现在的孩子，一般都是独生子女，交际不多，与人合作的机会也少，喜欢一意孤行。所以，你要有意识地让孩子知道合作的重要性，提高他的合作能力，孩子将来才会发展得更好。

你要让孩子多做事，在孩子做事情的时候，还不要过多地去干涉，让他自己想办法解决，这样不但提高了孩子的思考能力、创造能力，而且还能让孩子体验到成就感。

第七章

这些教子误区一定要避免

不粗暴地对待孩子

己所不欲，勿施于人。对孩子，要多一点关爱，少一点粗暴；多一些宽容，少一些打骂，耐心等待孩子的成长。孩子会感受到你的爱，以进步来回报你。

我读小学的时候，班上有个个子不高的同学，他很凶，平时我们都不敢招惹他。有一次，我不小心将他的铅笔盒碰到了地上，他立即踹了我一脚。我很瘦小，不知道该怎么做。

有的同学看不下去，告诉了老师。老师批评他时，他竟然和老师顶嘴，还把所有的责任都推到我身上。无奈之下，老师打电话把他的爸爸叫来了。

他爸爸来到老师的办公室时，没听老师怎么说，上来就给了他一巴掌，这让我和老师都傻了眼。他爸爸的一巴掌下去，他的嘴角都流血了。

这时，我明白了，他的粗暴，完全是来自他爸爸对他的教育方法。爸爸很粗暴，孩子长期在那样的教育方式下，也免不了用同样的方式对待周围的人。

要想孩子成为不粗暴的人，那你就不要粗暴地对待孩子。这样，才能保证孩子形成良好的性格，身边也会有更多的朋友，不会被他人孤立。

粗暴地对待孩子，不仅会对孩子的性格产生消极影响，还会对孩子的品德造成消极影响。有的孩子，为了避免遭受你的粗暴行为，可能会以撒谎的方式来对付你。

桐桐刚上幼儿园的时候，中午要在学校里午休。她那时还会尿床。有一天，妻子回家问桐桐："你今天中午尿床了吗？"桐桐点了点头。

妻子冲桐桐喊道："你都多大了，还尿床？别的小朋友都不尿床了，就你还尿床。"说完，还在桐桐屁股上打了一下，补充说，"下次，你再尿床、尿裤子，我就真打你了。"

后来有一天，桐桐回家后，妻子又问她这个问题，桐桐说："我没有尿床，也没有尿裤子。"可是，我明明看见桐桐的裤子后面有块阴影。

我把桐桐拉进她的房间，帮她换好衣服。

"桐桐，怎么和你妈妈撒谎呢？你的裤子明明是湿的。"

"我怕妈妈凶我，每次，她打得都很疼，说的话我也不爱听。"

三岁的桐桐说出这些话的时候，我的心疼了一下。撒谎也不是她的本意，可是为了免受妻子的责骂，她还是撒了谎。

我和妻子进行了细致的沟通，妻子答应我，今后不再那样对桐桐了。之前，桐桐为了逃避妻子的粗暴，很多事情都不和我们说。妻子态度和缓之后，桐桐在幼儿园的很多事情都和我们说。这是我和妻子乐意看见的。

没有人不爱自己的孩子，但是当孩子不听你的话，或做错事情的时候，你就会觉得你的威信受到了威胁，就会采用粗暴的方式来对待孩子。你这样做，只会"有威无信"。

你对孩子粗暴，也许只是"恨铁不成钢"的体现，可是，孩子的心智不成熟，他可能无法理解你的良苦用心，一旦不理解，就可能会产生逆反心理。

有一天，我接到了姨妈的电话，说是让我打电话劝劝我的表哥，别让他再打儿子了。他家儿子今年读初一，英语成绩一直不好。最初，表哥苦口婆心地教育他儿子，可是效果不好，所以后来，表哥就对他拳脚相向。

刚开始，他儿子一听见他的声音就跑，最近却不怕我表哥了，不论我表哥说什么，他都不听，前几天竟然留了张纸条，就离家出走了。最后是在网吧里找到他的。

他开始逃学。表哥头一天晚上打他，第二天，他肯定逃学。这样弄得表哥很被动，不知道该怎么教育他了。

我给表哥打电话，说："侄子现在已经不怕你打他了。相反，他可能会觉得你打就打吧，我就用逃学的方式'报复'你，让你干着急。你和侄子都是其中的受害者。侄子现在还小，你对他进行体罚，不仅对他的身体有影响，也会在他的心灵上留下难以愈合的伤疤。"

因为我和表哥关系不错，我接着说道："表哥，你忘了小时候，姨妈打你的时候，你是什么感受了？那时候，你不是说过以后不打孩子的吗？现在怎么又打上了？"

电话那边没有声音了，然后是一声叹息。想必，表哥已经知道自己该怎么对待儿子了。

成老师心语

粗暴地对待孩子，你和孩子之间的距离会越来越远，隔阂也会越来越深。如果你爱你的孩子，希望你的孩子健康成长，那就不要粗暴地对待孩子。

己所不欲，勿施于人。对孩子，要多一点关爱，少一点粗暴；多一些宽容，少一些打骂，耐心等待孩子的成长。孩子会感受到你的爱，促进自身的进步。

莫把自己的愿望强加给孩子

孩子是个独立的个体，有自己决定的权利。不把愿望强加给孩子，孩子的事情让他自己决定，这是对孩子的尊重，同时还能培养孩子的自主能力。放手，让孩子走自己想走的道路。

周日，我带桐桐去公园玩，在那里遇到了朋友陈明。桐桐一看见他，就向后缩。

"桐桐，来，让叔叔抱抱。"听陈明这样说，桐桐快速地躲到我的身后。

"桐桐，出来！怎么这么没有礼貌？让叔叔抱抱！"我一边说，一边把桐桐向朋友面前送。

"不，就不嘛！"桐桐一个劲儿地朝后躲。

陈明红着脸摊摊手说："桐桐这孩子，不会这么怕生吧，才几天不见叔叔啊！"

桐桐这样做，我也感到十分尴尬，就对陈明说："这孩子，越大越不懂事了！"

"爸爸，我没有不懂事！"桐桐在我身后争辩道，"我也不是不同意叔叔抱我，只是他的胡子太扎人了，上次抱着亲我时，就把我的脸扎疼了！"

听完桐桐的解释，我为自己的莽撞行为后悔，不该硬逼着桐桐去做她不愿意做的事情。

陈明听桐桐说完，脸更红了，他摸了一下自己的下巴，不好意思地说："对不起啊，桐桐，叔叔刮了胡子再抱你，好不好？"

"好。"桐桐很小声地答应着。

孩子有自己的想法，有你不知道的经历，在孩子不愿意做什么事情的时候，即便你觉得应该那样去做，也不要强逼孩子。事后还要弄清楚原因，及时了解你不知道的情况。

否则，一味地站在你自己的角度，认为怎么做是对的，就把自己的愿望强加在孩子身上，逼着他那样去做，这样有可能会使孩子的心身受到伤害。

我初中的一位老师，前段时间给我打来电话，说现在的孩子真的没法管了，一点都不听话。

他说儿子今年考大学，他希望孩子像自己一样，将来当个老师，所以让儿子第一志愿报师范院校，这样既能满足自己的心愿，还能节省一笔钱。

而他的儿子比较喜欢与电脑打交道，就想报计算机专业，将来从事编程方面的工作。

两人为填报什么样的学校一直相持不下，明里暗里进行较量。

最后，我的老师说："儿子竟然问我'是你上还是我上？你上由你做主。我上就得我决定。'"

我的老师听此话，放弃了让孩子报师范院校的想法，但心里却很不舒服，才给我打电话，向我倾诉。

说实话，我不赞成老师的做法，他不应该把自己的愿望强加到孩子身上。孩子最了解自己，知道自己的爱好、兴趣，走自己选择的路，才会走得更加舒心、顺畅。

你的愿望，或许是好的，有可能也是正确的，但即便如此，如果孩子反对，你也不能把自己的愿望强加到孩子身上。

我有一个很要好的女性朋友，名叫刘娟，以前她特别喜欢跳舞，但最终因为种种原因，没有走进艺术学校。

但是，要在舞台上展示优美舞姿的愿望，在她心里却没有熄灭。女儿云云出生后，还很小的时候她就给女儿报了舞蹈兴趣班。刘娟希望自己的女儿将来能够走这条道路，来达到自己没有实现的理想。

实事求是地说，云云对跳舞的感觉还不错，节奏感也把握得很到位，老师都夸奖她跳得比较出色。

可是，由于刘娟在心中给女儿定的目标太高，虽然孩子已经跳得不错了，但还是没有达到她的要求。只要她看见女儿跳舞松懈下来，就会责骂她。每一个动作，刘娟都让女儿做到十足的标准，要求得十分苛刻。而且对云云的舞蹈，她从来都没有夸奖过。

这样时间一长，本来对舞蹈还算感兴趣的孩子，受不了母亲的折磨，再也不愿意跳舞了。

刘娟十分后悔、伤心，但为时已晚。

你的理想没有实现，你感到遗憾，想在孩子身上延续。但孩子不是你，如果对你的理想没有兴趣，你就不能强求。

即便孩子爱好这方面，也不要用你想达到的高度来要求孩子，这样的做法只会让孩子失去继续学习的兴趣，得不偿失。

成老师心语

孩子是个独立的个体，有自己决定的权利。不把愿望强加给孩子，孩子的事情让他自己决定，这是对孩子的尊重，同时还能培养孩子的自主能力。放手，让孩子走自己想走的道路。

爱孩子，不需要完全牺牲自己

全职妈妈们的人生通常是这样，孩子小时候，劳心费力，全力以赴，一旦孩子"翅膀硬"了，她们就会失魂落魄，无所适从。其实，爱孩子，不一定非要牺牲自己的人生。

自己不带孩子，是做父母最大的失职。但，全心为孩子，牺牲了自己的人生，不一定就能做好父母。

妻子单位有一个大姐，叫晏云兰，自从女儿出生后就辞职做了全职妈妈。晏云兰一个人带孩子，为孩子尽心尽力。

据妻子说，她的孩子无论是在家里，还是在外面，从来都是干干净净、清清爽爽，你很难见到孩子身上有一点点脏。而且，晏云兰学了很多幼儿食谱，把孩子喂得特别胖。不光如此，晏云兰还参加了很多种亲子班、早教班，从这个教室到那个教室，誓让孩子赢在起跑线上。

那时候我和妻子刚结婚，妻子想提前做准备，就经常去晏云兰家取经，回来后就一一转述给我听，一边说，一边还憧憬着自己怎么教育孩子。

孩子上学后，晏云兰就更忙碌了。为孩子准备各种学习用具，为孩子制订详细的学习计划，陪着孩子做作业。

可这之后，妻子就不怎么赞赏晏云兰的做法了。她发现，晏云兰的孩子依赖性特别强，适应能力特别差，反应也慢。妻子跟我说：自己的事业没了，就把孩子当成自己的全部，这不是毁了孩子吗？

妻子是个直性子，马上上网找了一些经典案例，做成一个小册子，给晏云兰送去。她劝晏云兰，要给孩子独立的机会，让孩子自己成长。

那些把时间和精力都放在孩子身上的父母，更容易替孩子做事，替孩子做主，使孩子失去独立性，变得懦弱、依赖。这样的孩子很容易抱怨父母，更容易和父母产生冲突。

有了这样的经验教训，在桐桐四个月大的时候，妻子就回单位上班了。我妈对妻子非常不满意，因为妻子其实还有一种选择，那就是留在家里带孩子，妻子的工作在家里也可以做。但是妻子不想失去自己，她跟我商量：她正值事业的发展期，如果待在家里，肯定会停滞不前，丧失很多机会。我当然支持妻子，并且跟她说我可以抽出时间来带孩子。

我的这个决定让我妈很不舒服，在她的意识里，男人就是在外面闯天下的，怎能回家带孩子呢？后来，桐桐渐渐长大后，我妈就时不时地对桐桐说妻子的坏话："你妈妈那是大忙人，你出生的时候，都没有时间带你。"

桐桐听了这话，对妻子很不满意，嘟着嘴质问她："难道你不是我的亲妈妈？"妻子连忙解释："妈妈没有不管你啊，妈妈喂你吃，哄你睡，陪你玩，怎么说没有陪你呢？"

"那你为啥还工作？你要是能时时刻刻陪在我的身边，那该多好？"

"如果我每时每刻都陪在你身边，那我怎么知道外面世界的信息，我不知道这些，怎么能给你想出那么多好玩的游戏？怎么会让你变得这么聪明呢？"

"对啊，妈妈想出来的游戏，是很多书上都没有的。我的妈妈是最棒的。"桐桐很自豪地说。虽然妻子这样和桐桐解释了，但是她心里还是很担心，害怕桐桐以后会责怪她。我安慰她说："你又没有把孩子丢下，她小的时候，你的工作时间很短，大部分时间都陪在她的身边。那几年，你瘦了好几斤，我知道你为桐桐付出的心血，桐桐也会理解的。"

并不是全职妈妈才能做好教育，有计划的妈妈不用牺牲自己，也可以教育好孩子。孩子不会因为妈妈有工作就和妈妈决裂，认为妈妈不爱自己。

以前，桐桐抱着洋娃娃，一边走一边颠着，给娃娃哼着歌，"做饭"抱着娃娃，"逛街"也抱着娃娃。自从妻子和桐桐解释了大人也有大人的事情之后，桐桐过家家的内容就变了。桐桐会把娃娃放在娃娃床上，然后去旁边"做饭"，一边做饭一边哼着歌。

我看了桐桐这样做，觉得有趣，就问她为什么这样做。桐桐说："妈妈说了，孩子要有一些独处的时间。我怕她害怕，就一边唱歌一边做饭。妈妈也是这样做的。所以，你看我现在，从来都不害怕妈妈会丢了我不管，我自己还能做主。"我笑了，我知道这都是妻子说的话，我问桐桐："你喜欢你妈妈有工作吗？"

"当然喜欢，妈妈什么都会做，很棒，我很骄傲。"

桐桐现在只是鹦鹉学舌，还不特别理解，但这种意识会在她的思想里扎根。我想，她以后有了孩子，肯定既不会失去自己，还能照顾好孩子。

发展自我价值的父母，能给孩子做出一个好的努力的榜样，有助于激发孩子的上进心，积极发展自己。

成老师心语

优秀的父母不用牺牲自己，也能照顾好孩子，还能通过自己的努力，给孩子树立一个积极奋斗的正面形象。那些牺牲了自己的父母，因为没有了自己的空间，会把孩子的事情当成自己的事情，不给孩子独立的机会，这样就会和孩子产生矛盾。

啰唆教导要不得

据一份儿童心理学调查报告显示，如果父母太唠叨，那么孩子就会产生很强的反叛心理。同样的道理，说一句，孩子会听，说十句，孩子就会当耳旁风。

我们总认为，孩子属老鼠的，撂爪就忘，需要父母不断提醒。实际上过多的提醒会成为孩子的接受障碍，很多孩子不堪忍受没完没了的唠叨，会以自残的方式来结束这段被说的历史。

我在东北开会的时候，就遇到了这样一个故事。一个十岁的小姑娘，就因为忍受不了母亲的唠叨，把自己的眉毛和头发全剪掉了。

这个小姑娘叫菲儿，活泼可爱，喜欢打扮自己，就连玩电脑小游戏，都玩打扮游戏。平时，对妈妈爸爸的穿戴也会品头论足一番。

菲儿的妈妈是一个很朴实的农民，不喜欢女儿这么把时间浪费在打扮上。每次，见到女儿在镜子面前，她都会说："别臭美了，有时间去看看书。女孩子容貌再好，也得有知识才行。"

或者说："你知道都什么人喜欢臭美吗？不学无术的人。把时间都浪费在打扮上，还有什么心思学习？长大了，没有能力，就只好靠描眉画眼来买饭票。"

亦或者说："没有那么好的容貌，再打扮也没用。不如踏踏实实地学习，多长点本事，将来也能靠得上自己。"

……

这样的话是一箩筐一箩筐的，听得菲儿耳朵都起茧子了，非常厌烦。

菲儿也知道自己不应该把时间过多地浪费在打扮上，她向妈妈保证：不浪费时间，只是闲暇时，给她的玩具娃娃打扮。

但她妈妈说："你都是大孩子了，就别玩什么玩具了。你可得长点心了，没心没肺的会毁了你。"

本来，菲儿正在做保证，但听了妈妈这话，完全崩溃了，一生气，就趁着妈妈不注意，拿着剪子和剃须刀，把自己的眉毛和头发连剪带刮，弄了个一干二净。

只要是和孩子沟通，就给孩子讲大道理；不听孩子的说辞，也不注意场合，一味只是把自己的教育理念传递给孩子，只会让孩子产生严重的逆反心理，孩子必然会反抗，甚至自残。

新年时，桐桐一直追着北京台看电视剧《新西游记》。看到唐僧和孙悟空相遇那段时，桐桐笑得合不拢嘴。

原来，唐僧问孙悟空："你家住哪里？你的父母是谁？"

孙悟空说："我是石头缝里蹦出来的，没有父母。"

"人怎么可能没有父母？人怎么可能从石头缝里蹦出来呢？"

"是啊，人是不能从石头缝里蹦出来的。"孙悟空无奈地说。

"那么你家住哪里？你的父母是谁？"

……

看完之后，我说："好唠叨的唐僧啊。"

桐桐指着我们说："你们俩就是唐僧，会翻来覆去地问问题。"

我和妻子都感觉很诧异，我们自认为很懂教育，不会没完没了地就一个话题和孩子唠叨。于是，我们问桐桐为什么这么说。

桐桐说："妈妈接我从幼儿园里回家，到家后先检查我的书包，看我丢什么了没有。我要是没丢，她就说：'不错，明天继续保持。'我要是丢了，她就会说：'今天又得记过了。'"

妻子想想，她的确这样做过，可是她还是觉得委屈，那也不能算是唠叨啊。

桐桐又继续对我说："爸爸也喜欢唠叨，比妈妈还严重。"妻子一听，很感兴趣，催桐桐快讲。我瞪了妻子一眼，桐桐看见了，笑起来。

笑完后，桐桐说："爸爸最婆婆妈妈了，他总是把我当小大人，给我讲教育，谁的教育对，谁的教育不对，好像我是老师。"

我一听，很汗颜，可能是职业习惯，看电视，遇到问题，我也会跟桐桐讲讲；走路，遇到问题，我也会跟桐桐说说，看来，我真是比妻子还唠叨。

父母总是太着急，希望老早交给孩子一些做人做事的道理。但孩子毕竟稚嫩，对大道理感到厌烦，这些道理，只会让他对父母产生不好的印象。

据嘉嘉说，十几岁的孩子不叫青春期，而叫"捂耳朵时代"。我很奇怪，问她为什么叫这个怪名字。她说："很简单，我们有自己的主见了，可是父母还是会往我们耳朵里塞东西。"

这个词形容得好，我不禁笑起来，可是又感觉替父母不平，于是就故意幼稚地和嘉嘉争论道："如果父母说得对呢，你们也捂耳朵，那不是错过了好东西了。"

嘉嘉振振有词地说："没啥东西是不能错过的，我们又不傻。其实很多大人话，我们说得比他们还好呢。就'好好学习'来说吧，我们能做出几百个版本，而且各具风格，不会重样。"

"可你得知道，你们对人生理解得太浅，可能会把这些话都当成空话。大人吃过的盐比你们小孩吃的饭都多，说的都是掏心窝子的话。"

"得了，叔叔，我一直以为您会不一样呢，看来您也会说吃盐吃饭的话。总有一天，我们也会吃那么多盐，那有什么可骄傲的。吃盐了，我们自然会知道咸不咸了。"

很有道理！

简单的道理从父母嘴里说出来，总是无力的。如果想让孩子接受教训，不如直接让生活教育他。

成老师心语

我们无法忍受夏天苍蝇的"嗡嗡嗡"，孩子又如何忍受得了我们的"嗡嗡嗡"呢？持续不断地教育孩子，总使用教育的口吻和孩子说话，或者同样的话每天重复不断地说，都会让孩子变得厌烦，难以接受。

不在教育时发泄自己的情绪

有些父母会在工作、生活中积累很多不良情绪。这些情绪若不能很好地处理，他们就借着孩子的某个问题，在批评教育孩子时将这些情绪发泄出来，这是非常愚蠢而无能的做法。

我曾看到过这样一个电视纪录片的片段，里面那位母亲批评儿子时说的话很有意思。

一对夫妻感情不和，妻子对丈夫充满怨气，常埋怨丈夫不顾家，不考虑她的需求和感受。

十五岁的儿子很多方面与丈夫很相像，说话的口气、表情、动作、走路的步态，做事的举止和神态等，都仿佛与父亲是一个模子里刻出来的。

儿子有一次上网时间久了，妈妈很生气，就批评他，责怪他不该总是上网。可儿子不听，依然不离开电脑，妈妈就开始无休无止地数落他：

"你这孩子，总这么不听话，你真是气死我了。"

"你跟你爹一个德行，我伺候你们吃喝，伺候你们穿戴，伺候你们的生活，我多辛苦啊，你们哪个理解我？哪个替我做过一件家务活？哪个说过一句体谅和感激我的话？"

"我伺候你们伺候够了！我咋活得这么苦啊？我罢工，以后我不做饭、不做家务了，你们爷儿俩爱怎么就怎么吧。"

这位妈妈批评儿子说的话显然严重"跑题"了。本来是批评儿子，她却连带丈夫也一起数落上了；本来是批评儿子上网，她却将与上网无关的事及陈年旧账都翻了出来。

妈妈的每一句话都带着情绪，带着强烈的谴责、埋怨和不满，显然，她在批评儿子时，更多的是在发泄自己的不良情绪。

这种批评、教育方式除了让父母的坏情绪传染给孩子，增加孩子的坏心情之外，往往没有任何教育效果，反而会降低教育、批评的效果，引起孩子的反感，并可能会恶化亲子间的关系。

父母要杜绝这种无效的教育、批评孩子的方式，不要在教育孩子时发泄自己的情绪。

有这样一个很有意思的小故事：

丈夫因工作不力、业绩不好，在单位受到了上司的批评。工作受挫又受到批评的丈夫心里很窝火，但他不敢顶撞上司。

心情烦闷的丈夫回到家后，就对着全职在家的太太发起了火。

太太没缘由地遭到丈夫的一顿臭骂，很委屈，但她不敢给正在气头上的丈夫继续"拱火"，不愿得罪家里这个"顶梁柱"。

心里也窝了一肚子火的太太，看到儿子来到自己身边撒娇，就狠狠地斥责了他几句。

弱小的儿子无缘无故地受到妈妈的责骂，很委屈，就对正躺在旁边的小猫狠狠地踢了一脚。

小猫冷不丁挨了小主人的踢，它无力反抗，就喵喵叫着独自跑到了阳台上。

上面这个小故事中父母和孩子的做法就是一种情绪转移，他们将自己在别处积累起来的消极情绪转移到了比自己更弱小的人或物身上。

这样的情景在家庭教育中也很常见，有些父母心里积累了某些不良情绪，但又找不到很好的发泄渠道，不能很好地处理这些情绪，就会借助孩子某一个小小的"错误"或不足来发泄自己的情绪。

比如，父母事业受挫或与同事闹了矛盾，但不便发泄这种不满和委屈。回家后发现孩子没及时写作业，父母就会借此狠狠地批评孩子。

在这种情况下，孩子不及时写作业只是父母不良情绪的一个引子，而孩子不按时写作业这件小事或许并不能让父母产生如此强烈的情绪。

这种情绪转移的做法，最终会伤害孩子，孩子在某种程度上成了父母的出气筒，这对孩子是不公平的。在教育孩子时，父母要反思自己是否产生了情绪转移，尽量避免这种做法。

在生活中，每个人都会产生各种各样的不良情绪，做父母的同样如此。我认为，在教育孩子前，在要对孩子发火前，父母应冷静地思考几分钟，平静一下自己的情绪，不要将自己身上与孩子无关的情绪转移到他身上。

有一次，桐桐要求我给她讲故事。当时，我正为一部自己很满意的书迟迟没有出版而焦头烂额，心情有些烦躁。

桐桐来打扰，我更心烦，就训斥了她几句，桐桐有些失落地离开了我。

发现了桐桐不快的表情，我突然意识到了自己的问题。

桐桐当时并没有做得很过分，她第一次要求我给她讲故事，我没有答应，她又撒娇提出第二次要求，并没有胡搅蛮缠。

这要是在平时，根本不会使我生气，只是那大我在出书难题上的火气一并撒到了桐桐身上，想来很是愧疚，觉得自己深深地伤害了女儿。

想到这里，我真诚地对桐桐道歉说："桐桐，对不起，刚才爸爸心情不好，不该对你发火，你不高兴了吧？来，爸爸给你讲个故事，好吗？"

这次事件后，我得到了一个教训，那就是，每当自己想对孩子发火时，我要先问自己几个问题：孩子眼前的"问题"值得我发火吗？我的情绪糟糕，是孩子的责任吗？

而且，在每次对桐桐进行教育之前，我都努力做到先平静自己的情绪，努力先处理好自己的某些情绪，做到在心情平和的状态下对她进行教育。

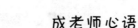

成老师心语

因为与孩子有很紧密的情感连接，父母在教育孩子时很容易带有自己的情绪，很容易在教育、批评孩子时发泄自己的不良情绪，这是需要避免的问题。

不在教育孩子时发泄自己的情绪，要求父母提高自己的情绪控制能力，教育孩子前先冷静自己，先处理好自己的不良情绪，尽量在心情平和的时候教育、批评孩子，尽量不要在情绪烦躁、愤怒、委屈的情况下教育孩子。

不以成人的标准评判孩子

成人的世界和孩子的世界是两个完全不同的世界，这要求父母不能以成人的标准评判孩子的言行，而要从孩子的角度去看待孩子的做法。

几年前，桐桐刚开始学画，一次，她先画了两条不相交的、弯弯曲曲的线条，然后在线条的外边点了几个点。接着，她像完成一项大工程似的，兴高采烈地拿着画要我和妻子看。

"爸爸，妈妈，你们看，我画了一个大大的香蕉。"那段时间，桐桐很喜欢吃香蕉，还常说要自己种香蕉、画香蕉。

桐桐嘴角带着笑，目不转睛地看着我们，像是等待着我们给她这幅画一个嘉奖。

我拿起桐桐的画，说实话，我怎么看都不像香蕉，若说是一条宽窄不一、边上长着几朵小花或小草的小河，倒还能沾点边。

我没有说话，心里思考着该怎样评价桐桐的这幅画。

在旁边看杂志的妻子也凑过来，拿过桐桐的画看了看，她问桐桐："桐桐，你这是画的什么啊？"

桐桐用两只胳膊比划着，歪着脑袋，回答说："我画的是一个大香蕉啊！"

"香蕉？这怎么能是香蕉呢？这可一点儿都不像香蕉啊。"妻子说。

"就是香蕉，就是香蕉。"自己的画被妈妈否定，桐桐急忙为自己辩解。

"这根本就不是香蕉嘛，香蕉可不是这么画的，香蕉得这么画，来，妈妈教你画香蕉。"妻子拿起了桐桐手中的笔，准备教她画香蕉。

这下，桐桐急了，她从妈妈手中夺过画笔，有些焦急地说："我画的就是香蕉。"

见此情景，我忽然明白了什么，孩子的想象世界是丰富的，孩子的画也常常让成年人"摸不着头脑"，在成年人眼里，孩子简直就是在"胡抹乱画"。

但就是这样的"胡抹乱画"，孩子总能将毫不相干的几根线条组合成"有名有姓"的某种事物，只是成年人怎么看都觉得画得"不像"孩子说的那个东西。

这是我们成年人常犯的错误，我们总以自己的标准评价孩子的作品，比如绘画、写字、作文、手工，以成人的标准寻找孩子的作品中的不足。

这样，难免会抹杀孩子的想象力和创造力。

想到这里，我用眼神制止了妻子，然后，我笑着对桐桐说："桐桐画的是香蕉啊，桐桐画的香蕉真特别，爸爸还从来没见过呢，来，你跟爸爸说，哪儿是香蕉的头和尾巴？"

听了我的话，桐桐开始绘声绘色地给我讲起了她画的"香蕉"。

与孩子做出的作品一样，对孩子做的某些事情，很多父母也常常以成人的标准和要求来衡量。

一位朋友曾给我讲过一件事，他五岁的儿子用一台价值三百多元的游戏机跟另一个小朋友换了几张价值不足二十元的奥特曼卡片。

儿子如此交换的理由是，他喜欢那个小朋友的奥特曼卡片，而那个小朋友也喜欢他的游戏机，于是两个人就交换了。

从朋友的角度来说，儿子的这次交换"亏大了"，这两样东西的价格相差二百多元呢，那台游戏机可是他出访日本时买回来的，很珍贵。他有点想不明白，儿子怎么这么傻呢？

他和妻子轮番教育儿子说："你怎么能把那台游戏机跟小朋友换了呢？你要知道那台游戏机花了爸爸很多钱呢，你去跟小朋友换过来吧。"

可儿子死活不听父母的劝，不愿意与小朋友将游戏机交换回来，他似乎觉得这种交换很"值得"，这可气坏了朋友夫妻俩。

在幼儿中间，这种不平等的交换也有很多，在孩子眼里，物品的价值不是以钱的多少来决定的，而是以自己对物品的喜欢或需要程度来决定的。

成人以自己对价值的判断来评判孩子的行为，显然是误解了孩子，父母大可不必为此类事情对孩子进行严厉的批评。

一个周末，我回老家，妹妹和她的儿子端端正在我家。端端不到四岁，上幼儿园中班。

那一天，端端在妈妈的陪伴下做老师留的算术作业，在他那本算术教材上，是一些动手剪纸、排数、数数、连数之类的寓教于乐的作业。

我母亲看了看外孙的作业，笑着说："这作业还挺好玩的，来，端端，姥姥也陪着你做作业。"说着，母亲搬来一张凳子，坐在了端端的旁边。

作业有一道题目是：将上面被圈起来的不同个数的图案（如三个小三角形，四个小正方形，五个小圆形等，这几个相同的图案都被圈在一个大圆圈里）剪下来，然后贴到书上当前页下边相同的数字旁。

这是一道训练幼儿数数的题目。

端端很认真地开始剪图案，由于他的小手还不太灵活，第一个图案他剪了好几分钟。刚刚剪下一个有四个小梯形的图案，他就放下剪刀，站了起来，跑到厨房里去东看看西看看。

"回来回来，你还没贴好呢。"妹妹一边对端端喊道，一边起身追了过去。

端端在厨房里"游荡"了一会儿，返了回来，接着，他拿起刚才剪下的那个有四个梯形的图案，认真地数了数图形的个数，然后慢悠悠地贴在了数字"4"的旁边。

这样接着贴了另外一个图案后，端端又站了起来，跑到沙发边，拿起沙发上的一张广告纸来看。

"你怎么又跑了啊？去做作业啊。"妹妹嗔怪儿子说，跑过去要将儿子拉回来。

母亲也批评外孙说："这孩子！你专心一点啊，来做作业，你看，这多好玩的作业啊。"

相信，面对小外甥这样的举动，可能很多父母会评价为孩子"坐不住"、"不专心"。

事实上，幼儿的注意力很容易转移，他们注意力集中的时间很短，不容易长时间从事一项比较抽象的、枯燥的活动，这个时候，孩子"坐不住"、"不专心"就很容易理解了。

如上所述，孩子"坐不住"、"不专心"的表现其实是婴幼儿的正常表现，如果成人以"不专心"的否定语言来评判孩子，实在是冤枉了孩子。

成老师心语

在面对孩子的行为时，很多父母不容易走出以自我为中心的局限，他们不习惯从孩子的角度看待孩子的行为，而总是从自己的标准和角度去评判孩子的行为，这种做法是需要避免的。

真正爱孩子，父母就要学会从孩子的角度看问题，从孩子的标准评判孩子的行为。为此，父母要摆脱以自我为中心的束缚，真正去了解孩子，了解每个年龄段孩子的不同特点，用心去感受孩子的世界。

不要过分保护孩子

保护孩子，是父母的本能，也是孩子健康成长的保障。但如果是过分的保护，就成了溺爱，这反而会成为对孩子的伤害，会让孩子得不到必要的锻炼和成长。

有一天，我一个人在小区广场上一边散步，一边思考问题，这时，我看到了一个刚学会走路的男孩子，他在不停地四处走动。

看得出，男孩很想无拘无束地到处走动，但一旁看护他的奶奶却总是死死抓住孙子的胳膊，紧紧地跟着他，生怕他摔跤、受伤。

男孩使劲地挣脱了奶奶的手，一转眼就又跑开了。

体态有些臃肿的奶奶不停地追赶着孙子，她一边追赶，一边大喊着："小心，乖乖，别摔着，慢点跑。"

不一会儿，男孩果然摔倒了，可他丝毫不在乎，自己爬起来，继续到处跑。

奶奶追上了孙子，又一次抓住他的胳膊，不敢再松开。

男孩受到了束缚，开始大叫，他要摆脱奶奶的控制，不断地抡胳膊、踢腿。

"这死孩子，怎么乱跑呢？不能再跑了，刚才摔倒了吧？疼不疼啊？"

奶奶不住地责怪着小孙子，仍旧死死抓住他的胳膊，任他乱打、乱踢。

　　这样的情景是不是很常见？孩子刚学走路，很喜欢到处走动，但他走路技巧还不那么熟练，摇摇晃晃，不时会摔倒、碰伤，这常常让家长担心，所以总限制孩子"乱走"、"乱跑"。

　　这就是一种对孩子的过分保护，这种过分保护会严重阻碍孩子身心各方面能力的发展，阻碍孩子的健康成长。所以，父母不要担心孩子摔跤，要拒绝过分保护，孩子在经历过摔跤后才能走得更稳健。

　　我的一个表弟，他有一个五岁的儿子嘟嘟，这个孩子是全家人的宝贝，全家人都对他百般疼爱。

　　有一次，嘟嘟有点感冒，只不过是普通的小感冒，有点咳嗽而已。但就是这点小毛病，却让全家上下"兴师动众"。

　　得知在幼儿园的儿子生病了，嘟嘟的爸爸和妈妈都急忙从单位请了假，双双带着儿子去医院看病。

　　医生给嘟嘟开了治疗咳嗽的口服药，但妈妈担心疗效低，要求医生给他输液。

　　输完液回到家，嘟嘟的爷爷奶奶也来了。妈妈不住地问儿子哪里不舒服，想吃什么，想喝什么，爸爸则急忙到网上去查询治疗咳嗽和感冒的食疗偏方等。

　　嘟嘟要在客厅里玩玩具，奶奶不让，非要孙子躺到床上去，而她将孙子喜欢的几个玩具一一摆到了床上，陪孙子一起玩。

　　不一会儿，嘟嘟要求看《喜羊羊与灰太狼》的动画片，爷爷急忙把下载有这个动画片的电子播放器拿来，双手给孙子举着，让躺在床上的孙子看。

　　嘟嘟的爸爸在网上查到了萝卜蜂蜜水可以治疗咳嗽，且家里有现成的材料，嘟嘟的妈妈听说后，急忙照方抓药，去熬萝卜蜂蜜水。

　　就在嘟嘟的爸爸妈妈、爷爷奶奶都在旁陪护着他时，还没退休的姥爷听说外孙生病，也从单位请了假，和姥姥一起赶来了。姥姥还给外孙买来梨子、贝母，要给他熬水喝，说是止咳的。

对孩子过分保护，容易让孩子的身体和心理都变得娇弱。父母要放弃对孩子过多的保护，让孩子承受一些苦痛，经历一些挫折和风雨，反而会让孩子的身心变得更强大。

在一次家庭聚会上，有两个朋友带了孩子去，其中一个是叫可可的十二岁男孩，另一个是叫菁菁的六岁女孩。那次聚会是可可的爸爸请客。

席间，有一个朋友要吸烟，可可的爸爸取过眼前桌上的打火机，吩咐自己的儿子说："可可，去帮叔叔点烟。"

可可犹犹豫豫，似乎有什么顾虑。迟疑了一会儿，他支支吾吾地说："我……我……我不敢用打火机。"

"都是个男子汉了，还不敢用打火机？真是笨。"可可爸爸无奈地说。

这个时候，菁菁快速跑到可可爸爸跟前，抢过打火机，说："我来，我帮叔叔点烟。"说完，她拿过打火机，很熟练地将火打着，将那个朋友的烟点好。

可可的表现让我深思。

听可可爸爸说，为了保护儿子的安全，可可的妈妈制订了种种限制措施，不让儿子动刀、玩火，不让他单独摆弄各种电器，不让他爬树，不让他下水……

为了这一点，可可的爸爸和妈妈没少闹矛盾。他说："我这老婆啊，太小题大做，你教孩子怎么用这些有危险的物品，教他注意安全不就是了吗？唉，也怪我，工作太忙，根本没时间教育儿子。"

也正是妈妈的过度保护，才让已经十二岁的可可，连打火机都不会用。

正如可可爸爸说的，面对有危险的事物或事情，父母正确的做法，不是将这些危险和伤害完全屏蔽掉，不是过分保护孩子，而是应该设法让孩子通过亲身实践学习如何去避免危险，学会如何保护自己。

成老师心语

过分保护孩子，就会让孩子成为经不起风雨的温室里的花朵，使其不能独立面对生活中、人生中不可避免的种种挫折和难题。

真正爱孩子，父母就不要永远做孩子的羽翼，拒绝过分保护孩子，并要让孩子去锻炼自己的翅膀和心智，让孩子在亲自经历挫折、风雨的过程中，增强自己的体质、磨炼自己的意志、强大自己的内心。

不管什么情况，都不要体罚孩子

孩子成绩不好，用武力不能提高他的成绩。孩子不听话，打他却不能使他心服，有可能还会因此疏远亲子关系，使他变得胆怯，或者学会了用暴力解决问题，结果得不偿失。

有一次，我把桐桐从幼儿园接回家之后，想教她学写字，就摆好桌椅，放上纸笔，然后叫桐桐出来学习。

叫了几声，桐桐才磨磨蹭蹭地从自己的小屋里出来，有些不情愿地坐在凳子上。我看着她这个样子有些生气，因为平时我若说教桐桐写字，她一般都会欢快地跑过来，认真地读、写。

"做什么呢，速度这么慢？"

桐桐抬头看了我一眼，没有吭声。

我压住心中的不快，开始教桐桐认字，又教她如何写，然后吩咐她每个字读十遍，写两行。我悄悄地躲在一边观察。

桐桐从我开始离开，就一直坐在凳子上，不出声，也不动笔。我越看越恼火，快步走到她身边，"啪"地在她头上打了一下。

"发什么呆？我这么忙，教你学写字，还不知道用功！"

桐桐从来没挨过我的打，也很少看见我如此大动肝火的样子，她一边哭，一边开始写字。

看着女儿哭我有些心疼，但见她因为挨打立即开始学习，我心里找到了平衡，很快忘记了此事。

隔了一天，我又叫桐桐写字，她很快地跑到我面前，胆怯地看着我说："爸爸，别打我，我好好写字。"我的心一下子收紧了，发誓再也不体罚孩子。

有时候，孩子如果不听从你的吩咐，你会控制不住自己的怒气，动手打孩子。孩子因为挨打变得听话，但由此也可能会产生胆怯的心理，这不利于孩子形成良好的性格，甚至会影响到孩子的心理健康。

所以，不管什么时候，无论你多么恼怒，都不要体罚孩子。孩子有不对之处，你对他晓之以理，动之以情，必要时候进行冷处理，都会收到良好的效果。

我接触过一个初三的男孩，成绩属于中上等，因为爱打架在学校成了焦点人物，曾经几次被学校勒令退学。

但是，男孩喜欢打架的恶习依然没改。眼看孩子有被开除的危险，他的父亲无奈，只好把孩子带到了我这里。

这个男孩五官端正，又戴着一副近视眼镜，斯斯文文的表面一点都看不出有暴力倾向。

我单刀直入地问男孩："你爱和人打架？"

男孩摇了摇头说："我不喜欢与人打架，但却控制不住自己。"

"为什么非要选择用武力去解决问题呢？"

男孩用复杂的眼神看了父亲一眼说："我爸爸就是这样，每次让我做什么，就用拳头说话。"他的爸爸立即低下头。

"孩子，我知道你也认为打架不对，明白用武力解决问题不是最好的办法，只是从爸爸那里习得了这样的行为。我相信，你爸爸会改正自己不当的教育方式，你也一定能改掉打架的恶习，对吗？"

"如果爸爸能做到不打我，以后我保证尽量不去与人打架。"男孩接过话说，然后抬头去看爸爸，见他点头，自己也深深地点了一下头。我也跟着点了点头，表示对二人此举的赞赏。

你经常采用体罚的手段去教育孩子，这样孩子有可能不自觉得就学会了你的暴力行为，在与他人的交往中有不如意之处，往往会选择用武力解决问题，从而养成爱打架的恶习。

不管你打孩子是为了教育他，还是用来发泄心中的怒气，都会给孩子造成不良的影响，甚至会因此毁了孩子的前途。

因此，教育孩子，你要心平气和地与他沟通，听孩子如何说，然后再给予正确的引导，这样才会收到更好的效果。

我在报纸上，看到一位父亲在派出所失手打死儿子的惨痛事例。

因为家里穷，这个孩子许多合理的要求得不到满足，为了得到想要的东西，他就经常偷同学的钱。

后来越偷越胆大，有一次，男孩竟然偷了一个商人的钱包，结果当场就被抓住，扭送到了派出所。公安人员把孩子的父亲叫去，父亲十分生气，见到孩子就拳打脚踢，很多人都拦不住，结果失手把孩子打死。

这位父亲看着地上一动不动的儿子，懊悔万分，撕扯着自己朝墙上撞，被人死死拉住，才没有造成更大的悲剧。但孩子已死，父亲再后悔，都没有任何意义。

这样的事例实在让人痛心！但愿天下父母都能以此为戒，不要再用武力去惩罚孩子。

我相信，所有的父母都爱孩子，谁都不想把孩子打死打伤，但这样的事情却接连发生，实在让人痛心！

成老师心语

孩子成绩不好，用武力不能提高他的成绩，孩子不听话，打他却不能使他心服，有可能还会因此影响亲子关系，使他变得胆怯，或者学会了用暴力解决问题等等，结果得不偿失。

所以，想教育好孩子，你首先要学会控制自己的情绪，做到任何情况下都不去体罚孩子。

用平常心对待孩子的分数

条条道路通罗马，各种途径都可能走向成功。分数不是孩子的命根，以平常心看待孩子的每次考试，不给他施加任何压力，或许孩子会考出更好的成绩。

一天下午，我正好无事，带着桐桐去老同学秦军家玩。刚进屋，就看见秦军的儿子壮壮耷拉着脑袋哭泣。

"爸爸，壮壮哥哥是不是又没有考好，叔叔批评他了？"桐桐小声地问我。

我用力握了女儿的手一下，示意她不要再问，其实我心里和她想得一样。

"这孩子，一点都不争气，成绩不好也就罢了，竟然学会了抄袭，结果被老师发现了，给判了零分。"

老同学对我说完，又转身对壮壮讲："你把我的脸都给丢尽了，回屋面壁思过。"壮壮哭着走了。

我拉着秦军坐到沙发上，压低声音说："别尽去责怪孩子，如果不是你要求孩子考高分，他也不会想着作弊。"

他看了我一眼，有些困惑地问："你是怎么知道我要求他考高分的？"

"壮壮以前的成绩也不太好，但从来不作弊，现在突然这样，肯定是你给逼的啦。"

秦军低下头，黯然地说："孩子马上要升初中了，成绩再这样下去肯定跟不上课，我就要求他每次必须考及格，没想到他竟然作弊，而且还被老师发现了！"

"分数只是孩子对知识掌握情况的记录，不要因为它逼出孩子其他的缺点。"我说。老同学听了，深有感触地用力点了点头。

你希望孩子能考高分，要求他达到你定的目标，如果孩子对知识没有掌握到，就有可能会用抄袭的办法取得高分，或者用撒谎的手段告诉你没有考试等等。

这样逼孩子考高分，孩子不仅成绩提高不上去，往往还会多出许多缺点、毛病。再说，你只注重孩子的分数，不注意培养孩子的其他能力，不知道提高孩子的道德、素质，这样孩子即便考上了大学，也难以在社会上立足。

因此，教育孩子，要着重培养他的综合素质，不能只注重孩子的成绩。

我昨天收到一封信，写信人名叫小灵，是初一女生。信的内容如下：

> 墨初叔叔好！
>
> 我叫小灵，读初一，现在很苦恼，真不想再上学了。
>
> 每天，妈妈都会问我考试了没有，考了多少分。如果考好了，妈妈就会满脸笑容，在我脸上亲了又亲，爸爸则给我买很多零食，还带我出去玩。我真希望时光能够停在那一刻，留住爸爸妈妈对我的爱。
>
> 但是，我考不好的次数居多。这时候，我就惨了，父母就会横眉冷对，还指使我做这干那，家里笼罩着一片乌云，我憋得喘不上气，真想逃出去。

每当这个时候，我就在想，妈妈是爱我还是爱分数？难道分数比我还重要吗？

伤心的小灵

读了这封信，我心里异常沉重，急忙写了封信，宽慰小灵，告诉她父母之所以关心分数，是因为爱她，劝说小灵不要有别的想法。

你关心孩子的成绩没错，想知道孩子的分数也能理解，但不能依据孩子分数的多少，用不同的态度去对待孩子，那样孩子会伤心，甚至对你的爱产生怀疑。

不管什么时候都要记住，别把孩子的成绩当成脸上的晴雨表。分数虽然重要，但孩子的健康成长更重要。

三月前，有一个高三的男生，满面愁容地来到我的咨询室问："叔叔，如果我高考没考好，前程就全完了吗？"

听到孩子的话，我心里像压了块石头，但却故作轻松地说："三百六十行，行行出状元嘛！孩子，你怎么这样问？"

"眼看就快高考了，我有些紧张。有一次我听到爸爸对妈妈小声说：'别开电视，影响孩子学习，这次考不好，孩子的将来就全完了，我们的希望也没有了。'这话让我心惊肉跳，又见爸妈天天小心地陪着我学习，走路都怕打扰了我，心里压力很大。"男孩目光游离不定地说，脸上现出疲惫之色。

"孩子，别想太多。虽然大学是靠分数录取，但成功的道路却有千万条。马上就要高考了，你应该放下压力，轻松上阵，才能发挥出最佳的水平，你说是吗？"

男孩点点头，笑着离开了。

中考、高考，是孩子通往大学的两次重要考试。尤其是孩子的高考，揪着你的心。为了孩子能够考个好成绩，你对他倍加照顾，买补品，送茶水等等，甚至是陪孩子一起熬夜奋战。

你的这种举动，会无形中给孩子带去很大的压力，影响孩子正常水平的发挥。

成老师心语

条条道路通罗马，各种途径都可能走向成功。分数不是孩子的命根，以平常心看待孩子的每次考试，不给他施加任何压力，或许孩子会考出更好的成绩。

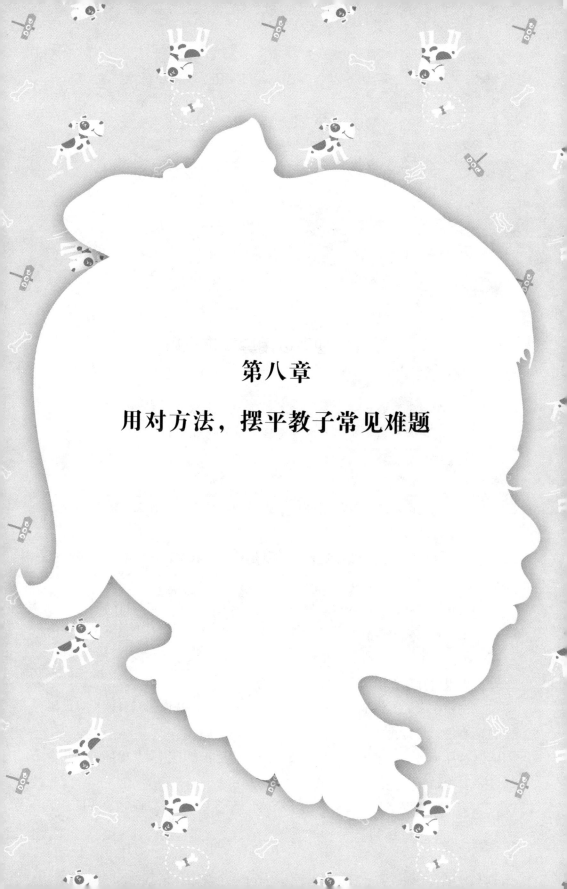

第八章

用对方法，摆平教子常见难题

孩子叛逆可以用尊重来化解

父母要经常与孩子商量着来，了解孩子的意愿、尊重孩子的意愿，不强迫孩子去做某事，不把自己的意愿强加给孩子。父母先做"听话"的父母，孩子才会听话。

桐桐不到两岁的时候就表现出了很强的叛逆心理，什么事情都要自己来，哪怕自己做得一塌糊涂、乱七八糟也很开心。

一个深秋的早上，妻子起床后准备给桐桐穿衣服。那个时候，房间里已经有些冷，刚钻出被窝就感觉凉气袭身。

见妈妈拿起自己的衣服，桐桐一把扯过去，说道："我自己来。"

妻子就在一旁看着女儿笨拙地往身上穿外套。外套似乎很不听桐桐的话，她想要套上一只袖子，可袖子却向后奔拉下去；她要将衣服披在身上，却将衣服后背顶在了头上。

桐桐在床上不停地在原地打转，寻找着袖子，就像一只要捕捉自己尾巴的小猫，看得我和妻子直笑。

这样折腾了大半天，桐桐还没有穿好外套。妻子怕女儿冻坏了，几次主动要帮她穿上，都被她拒绝了。

妻子摸摸桐桐只穿着秋衣的小胳膊，然后大声说："哎哟，宝贝，瞧你的小胳膊都冻得这么凉了，听话，来，妈妈帮你穿。"一边说着一边抓住桐桐的外套。

桐桐急了，大叫："不要！我自己穿！"

桐桐好不容易找到了袖子，妻子趁机从她的背后往上扯了一下，这样，桐桐就顺利地将胳膊伸进了半只。此时，我马上说："哟，我们的桐桐自己会穿衣服了。加油。"

在妻子的悄悄帮助下，桐桐顺利地将袖子穿好了。然后，她又在妻子的配合下穿好了另一只袖子。

一般而言，两三岁的孩子开始在父母面前表现得"不听话"、"叛逆"，进入"第一反抗期"，父母让孩子做什么，孩子常常以"不要"和抗拒的行为来拒绝父母的要求。

这其实意味着孩子有了自我意识，他渴望自己安排自己的生活，坚持自己的想法和主张。

对此，父母不要出于爱或因为怕孩子做不好，就剥夺孩子自己做事的权利。而是要放手让孩子去做，让他在独自做事中得到锻炼。

我的朋友老金在别人面前是个没有架子的人，在十四岁的儿子面前也是如此。他与儿子经常"称兄道弟"，他们之间更像哥们儿，像朋友。

在这种家庭环境中成长，老金的儿子虽然是个有主见、自我意识很强的孩子，但他没有别的孩子那种强烈的叛逆心理。

老金与儿子这种融洽的关系，源于他们之间从儿子小时候起就建立的良好的沟通关系。老金经常就生活中的事情与儿子交流看法，无论什么事情，他都要征求一下儿子的意见。

儿子十四岁的时候，老金遇到一个新的工作机会。老金原来在一家国有企业做管理，那家企业没有太大的前途，工资不很高，但是很安稳。

新的工作机会是一家外资企业，有挑战性，但风险与机遇成正比。

老金就"要不要换工作"一事征求儿子的意见。

老金想不到儿子小小年纪就说出了让他很"折服"的话。儿子说：

"老爸，我觉得你还年轻，才三十九岁，正当年，你此时不搏到老了就搏不动了。我觉得你其实很有能力，只是没有遇到好机会。这份新工作你只要用心，只要努力学习如何去做，就一定能做好。所以，我希望老爸你能试一下，即使暂时做不好，也可以学到一些东西呐。"

听了儿子的话，老金马上说："儿子，你真让我佩服，说起话来这么有哲理。就冲你这些话，我一定争取这个工作。"

其实，老金早已决定接受这个工作，他只是想给儿子一个表现的机会。

在意识到桐桐进入"反抗期"后，我和妻子跟她说话、做事就时刻注意要讲究技巧，在做决定时努力尊重她的意见和想法。

桐桐五岁那年春节前，妻子买了些年画、墙花、小挂饰之类的东西，准备装饰一下桐桐的房间。

买来年画那天，吃过午饭，母女俩就热火朝天地忙开了，我也走过去凑热闹。

妻子拿起一张画着小马追逐老马的画问桐桐："桐桐，这张画贴哪里啊？"

桐桐若有所思地看了看画，思考了一会儿，然后说："贴在床头上，我一起床就能看见它。"

之后，妻子和桐桐一起将画铺展在床上，反面贴上双面胶，揭下双面胶上的纸后，把画贴在了床头边的墙上。

贴完了这一张，两人又开始贴另一张，这一次，妻子又问桐桐："这张贴在哪里？"

桐桐想了想，指着书桌上方的墙壁说："贴在这里。"

就这样，母女俩不亦乐乎地忙乎着，每次贴一张画、挂一个小挂饰时，妻子总要问一问桐桐贴在哪里、挂在哪里，这让桐桐感觉，她是这个房间真正的主人。

折腾了近一个小时，看着花花绿绿、漂漂亮亮的房间，妻子说："这都是按照桐桐的要求布置好的，桐桐就是了不起，你看把房间打扮得多漂亮啊！"

桐桐小脸上还流着汗珠，看着自己的"杰作"，开心地笑了，很有成就感的样子。

成老师心语

很多时候，孩子叛逆、不听话，常常是因为父母自作主张地要求孩子做什么事，要求孩子怎样做，而没有尊重孩子的想法和意见。

因此，要克服孩子的叛逆，父母就要经常与孩子商量着来，了解孩子的意愿、尊重孩子的意愿，不强迫孩子去做某事，不把自己的意愿强加给孩子。父母先做"听话"的父母，孩子才会听话。

莫让孩子太依赖

有些父母一面因为担心孩子做不好事情，而代替孩子去做，一面却又抱怨孩子依赖性强，这对孩子实在是不公平。

馨瑞是桐桐的一个同班同学，一次我去学校接桐桐的时候，正巧遇见馨瑞的妈妈也来接女儿。

由于我曾在桐桐班的家长会上发过言，所以她班里很多孩子的爸爸妈妈都认识我。

在等孩子放学的时间里，我和馨瑞妈妈聊起了孩子。

说起自己的女儿，馨瑞的妈妈无奈地说："馨瑞这孩子，依赖性太强。现在都是小学生了，仍然像个小跟屁虫，我走到哪里她跟到哪里，我一不在身边，她就会焦虑。

"这不，都马上七岁的孩子了，还每天晚上缠着要跟我一起睡，听说别人家的孩子三四岁就分床睡了。

"不仅如此，馨瑞什么事情都是我给她做，收拾书包啊、削铅笔啊、整理文具啊、买作业本啊，吃饭的时候饭我给她盛好、鸡蛋我给她剥好，鞋带她都懒得自己系。

"唉！我就是劳累的命啊，又要忙工作又要洗衣做饭忙家务，还要忙照顾孩子，累死我了。真希望这孩子快点长大，长大了就好了，那时我就轻松了。"

对馨瑞妈妈的话，我不敢苟同。沉思了一会儿，我对她说："其实，我觉得孩子依赖性强，可能是父母帮她做的事太多了，呵呵。"

"对，我就是什么事都要为她做好，不然她自己什么都做不好。"

我笑了，直言说："其实这是你的错，正因为你做得多了，孩子没有得到锻炼，她才什么都不会做，才变得很依赖你。"

这时，学校放学了，孩子们开始冲出教学楼。

"我的错？"馨瑞妈妈不解地问。

我点头："只有你放手了，放手让孩子自己去做事，她才能独立起来。"

当前，有些父母一面因为担心孩子做不好事情，而代替孩子去做，一面却又抱怨孩子依赖性强，这对孩子实在是不公平。

如果父母代替孩子做得过多，孩子就会依赖父母成为习惯，其独立能力得不到锻炼和提高。

要让孩子不再依赖，在孩子的成长过程中，父母就要学会放手，放手让孩子自己去做力所能及的事，使其能力得到锻炼和培养。

桐桐在同龄人中是个相对独立的女孩子，这让周围很多妈妈们很羡慕。

其实，我和妻子从桐桐很小的时候起，就努力让桐桐学习去做自己力所能及的事情，避免她养成依赖别人的习惯。

在每次训练桐桐自己吃饭时，那场面都可以用"一片狼藉"来形容。

桐桐刚一岁多点儿，我们给她买了专用的塑料小碗、塑料小勺，每次吃饭将饭菜盛到她的碗里，给她带上围嘴，让她自己吃，我们则在旁边帮忙。

桐桐刚开始会拿着勺子在碗里乱铲，在我们的帮助下好不容易舀出一点食物，往嘴里送的时候，她不是把饭菜弄到鼻子上，就是弄到额头上，或者菜汤顺着手腕流进袖子里，反正总是吃不到嘴里去。

一顿饭下来，桐桐常常弄成一个大花脸，衣服上、鞋子上、地上都会有饭菜，也吃不到多少东西，常常会急得大哭。

我们就在旁边一边给她使力，一边鼓励她自己吃。

经历了"千难万险"，桐桐两岁多点的时候，终于学会了自己吃饭。

其他很多事情，桐桐学习自己做的时候也经历了很多失败，不过她最终学会做之后，那份快乐和自豪感也总写在脸上，之后就更加乐意去做。

在每个年龄阶段，我们不仅让桐桐学习自己去做力所能及的事情，还教育她学会自己处理和解决遇到的问题。

一次，桐桐同桌的铅笔不见了，怀疑是桐桐拿的，就对她说："你还我的铅笔。"

"我没拿你的铅笔。"桐桐委屈地说。

"就是你拿的。"

"我没拿。"

"你那天还说我的铅笔漂亮呢，肯定是你拿的。你明天必须还我铅笔。"

桐桐回家后，跟我哭诉了这件事。我想，这对于孩子可不是小事情。

我问她："你真的没有拿他的铅笔吗？"

桐桐哭着点头。

我相信桐桐的话，问她："你没拿他的铅笔，为什么要哭呢？你怕什么呢？"

"我伤心他不相信我，我怕他会打我。"桐桐说。

"孩子，你没做错事，就不用怕什么。你明天再跟他说一次，跟他说实话，不要怕。他要是还不相信，你就找老师，跟老师说实话，让老师帮你处理，好吗？"

桐桐不说话。

"你自己解决这件事，好吗？"我问她。

我感觉到，桐桐得到我的支持，已经不怕了。她抹了抹眼泪，对我说："爸爸我不怕，我明天再跟他说一次，他要不信我就告诉老师。"

我笑了，为桐桐的勇敢面对。

成老师心语

父母过多的包办造成了孩子的依赖性，而父母的放手则会让孩子逐渐走向独立。

在摆脱依赖、走向独立的过程中，孩子必然会犯错，会吃苦，会暂时达不到做事的完美标准。父母要给孩子机会，让他在错误中、挫折中、不完美中提高各种能力。

放手让孩子自己做事、自己解决问题，这样父母轻松，孩子也会快乐，这也是让孩子摆脱依赖、走向独立的基础。

纠正孩子的马虎行为

孩子无论做什么事，父母都要教育他学会独自认真检查做事的结果，这是逐步克服孩子马虎的有效办法。

小伟是桐桐的一个同班同学，他是个机灵调皮的男孩，看起来很聪明，很讨人喜欢。

一次我去学校接桐桐的时候，小伟的妈妈向我数落起了儿子的问题。

"我儿子做事总是马马虎虎、丢三落四的，你说这是不是遗传啊？他爸就总是丢三落四。"

我不置可否，静听小伟妈妈说下去。

"小伟每天上学不是忘了带这个，就是忘了带那个。他写作业的时候，汉字忘了写笔画，算术题忘了写等号，这都是常有的事。写作业、考试的时候，他本来会做的题目，常常因为马虎而做错了。唉，要我说啊，我这儿子几乎没有一件事是做得全乎的，总得我给他收拾残局……"小伟妈妈叹着气说。

正说着，放学铃响了。不一会儿，小伟出了教学楼。

待小伟走到妈妈跟前，妈妈突然责怪他说："我说你这孩子，怎么总是没脑子啊？书包的拉链没有拉上就跑出来了？"

我看到，小伟的双肩包旁边的一个兜的拉链只拉了一半，里面的文具盒已经倾斜着露了出来。

"你看，这孩子就是个马大哈。"小伟妈妈转头冲我苦笑。

马虎在孩子尤其是小学时期的孩子中是非常普遍的现象。马虎的毛病不仅会影响孩子做事的效果，影响孩子的考试成绩，还可能给孩子的生活带来麻烦。

不同的孩子马虎的原因不同，同一个孩子马虎的原因也是多方面的。如孩子性格急躁、做事不认真、缺乏责任心、做事不熟练等都可能会让孩子马虎。

父母要了解孩子马虎的原因，对症下药纠正孩子的马虎问题。

大学同学老高有一次向我咨询教育的问题，他的儿子读小学二年级，总是丢三落四。

他说："我儿子总是马马虎虎，没有责任心，不是丢了书本，就是丢了水壶，不是丢了小黄帽，就是丢了铅笔。老同学，怎么才能帮助他改掉这个毛病啊？"

"他是不是丢了什么东西，你就马上给他买来同样的东西？"我问。

"是啊，不是我给他买谁给他买？我虽然是父亲，但没有父亲的威严，他犯错我一般不会严厉批评他，顶多说他两句，告诉他下次注意就行。"

"他再丢东西的时候，你别再给他买了。"我建议说。

"那怎么行？不给他买他用什么？比如水壶丢了，他在学校里怎么喝水啊？"老高不解地问我。

"你这样下去，你儿子丢三落四的毛病改不了，丢了马上就有了新的，他会觉得丢了也没有关系啊。"

"那怎么办呢？"

"他要是再丢东西，你就让他自己去找，如果找不到，就让他暂时不用这个东西。比如水壶丢了，就让他先不用，渴着，或者花自己的零花钱去买水喝，你千万别给他出这个钱啊。"

"哦。那接下来我要做什么呢？"

"接下来，你让他用自己的零花钱去买新的水壶。如果零花钱不够，就取消他其他方面的花销。比如他想吃麦当劳，那就不能去吃，让他用这些钱去买水壶。孩子有过这样的教训，就能学会爱惜自己的东西，努力做到不再丢三落四。"

"我试试你这法子吧。"老高说。

孩子无论做什么事，父母都要教育他学会独自认真检查做事的结果，这是逐步克服孩子马虎的有效办法。

一位朋友曾给桐桐买过一种装在四方铁盒子里的饼干，桐桐非常喜欢吃。

一天，桐桐又拿出那盒饼干，一个人津津有味地吃了起来。吃了几块，大概吃饱了，她匆匆将铁盒盖扣上，然后双手抱起它，准备把它放到盛食物的橱子里去。

就在这时，我们都听到了稀里哗啦的几声响，发现桐桐双手抱着的饼干盒只剩下盒盖在她手里，盒身和盒里的饼干全都掉到了地上。要命的是，那些饼干几乎全都摔了个粉碎。

桐桐看着饼干都碎了，委屈得要哭。

"饼干碎了，我很难过，我知道你也很难过。但是，饼干掉到地上是由于你的马虎造成的，因为你没有扣好盖子。这几天你就不能吃饼干了，过几天爸爸再去给你买。"

我顿了一下，拿起盒身和盒盖，给桐桐做了个示范，说："以后在拿起这样的盒子前，你要仔细检查一下盖子有没有盖好，然后再拿起来。"

桐桐点了点头，没有说什么。

在其他事情上，我也会引导、教育桐桐在做完事情后，自己认真检查一遍，看哪些地方做得不太好。

比如，桐桐上学前，我会教她检查课本、作业本、铅笔、橡皮、小刀、水杯等东西是否带全，并引导她逐渐养成习惯。

慢慢地，桐桐做事情就变得很细心、认真。

成老师心语

孩子马虎的毛病不是马上就能改正的，尤其是在学习上的马虎，父母要耐心帮助孩子改正。

父母要根据孩子马虎的原因，有针对性地采取措施，纠正孩子马虎的毛病。比如，如果孩子做事不认真，就设法培养孩子认真的态度；如果马虎是因为孩子性格急躁，就帮助孩子克服急躁。

让孩子为自己的事情负责，认真做好每一步，并亲自检查，日子久了，孩子马虎的毛病就会逐步被克服。

不施压，帮孩子克服厌学情绪

孩子厌学的表现主要有：读不进书，学习没兴趣，一想到学习就烦躁、焦虑，学习效率明显下降，学习时容易疲劳、无精打采，甚至在学习时出现头痛、头晕、腹痛等身体症状。

江海是我认识的一名初二学生，他妈妈和我妻子是朋友。

因为江海妈妈多次来过我家，且每次都与我和妻子聊孩子，因而我对江海也比较了解。

还有一年江海就要中考，对儿子寄予厚望的妈妈已经开始着急了，天天督促儿子好好学习。前些天她又带着江海来我家，因为江海开始厌学，他们想来寻求一个解决办法。

"江海这孩子怎么对学习一点责任心都没有？他怎么就厌学了呢？每天他眼睛盯着书本，其实他心思常常不在书本上，思想经常开小差。

"一次，我看见他正在看政治书，就提问他摊开的那一页的几个问题，结果他一个也答不上来，你说这不急死我吗？

"马上就要中考了，他一点都不着急，我督促他好好学习他还嫌我啰唆。我还不是为他好吗？这孩子真不识好歹。"

江海妈妈一脸无奈地说。

江海接过妈妈的话茬儿，对我说："不是我不着急，其实我也很想好好学，谁不想考重点高中啊？但我也不知道为什么，对学习一点兴趣都没有，一看书就头大，一提学习就烦。"

"江海上小学时，学习成绩很不错，初一时成绩也还可以，怎么到了初二他就厌学了呢？若考不上高中可怎么办呢？"江海妈妈看起来比儿子还要茫然、焦虑。

当前，中小学孩子厌学是非常普遍的问题，这几乎成了影响孩子生活、给孩子和家庭带来不快的最重要因素。

孩子厌学的表现主要有：读不进书，学习没兴趣，一想到学习就烦躁、焦虑，学习效率明显下降，学习时容易疲劳、无精打采，甚至在学习时出现头痛、头晕、腹痛等身体症状。

孩子厌学的原因有很多，父母要了解孩子厌学的具体原因，对症下药，解决孩子的厌学问题。

其实，不用江海和他妈妈说，我已经知道了江海厌学的主要原因。那就是妈妈总在学习上给他施加过多的压力、提出过高的要求。

江海是个老实的孩子，他不很聪明，但是比较听话。小学时，妈妈要求江海好好学习，江海就会很认真地听课、写作业、看书，按部就班地遵照老师和父母的安排去做。

江海那个时候这样做，其实主要是为了讨得老师和父母的欢心。因为每次他取得好成绩，老师就会表扬他，父母也会喜笑颜开。

上初中后就不一样了，由于科目增多，学习内容加量，学习难度逐渐加深，江海越来越感到学习有些吃力，成绩也开始慢慢下滑。

妈妈期望儿子上重点高中、重点大学，发现儿子成绩下降，她有些着急，就常常数落儿子还不够努力，且每次都向他提必须考前五名、前三名的要求。

妈妈的数落和要求让江海感到很烦躁，本来他在学习上已感到很吃力，这下更是力不从心，索性"破罐子破摔"、得过且过了，开始马马虎虎地应付学习。

上初中的时候，我有一段时间也出现了厌学情绪。幸好初二时遇到了一位很会教学的班主任老师，在他的帮助下，我又逐渐萌发了对学习的热情和浓厚兴趣。

班主任老师根据我的特点教给我克服厌学的办法，简单地说，主要是"制订计划"、"规范学习步骤"、"掌握学习和记忆方法"。

他告诉我："你一定要制订一个合理的学习计划，每天按照计划来学习，不能漫无目的地乱抓、乱撞。

"比如，今天有数学课、政治课、英语课、物理课，你早自习、上下午自习课和晚上安排这几门课的预习、复习、作业等任务就可以了，别的先别想。"

以前，我常常下课后就急忙写作业，常常会忙乱地边翻书边写作业。

班主任老师知道了这一点后，告诉我："你这样学习效率比较低。正确的做法是，每节课前先预习，再带着问题听课，老师讲完课要及时复习，不要忙着写作业，要复习完后再写作业。"

班主任老师会不失时机地教给我一些学习方法，比如脑、手、眼、口等多感官并用学习；理解记忆、联想、对比记忆等各种记忆法；先完成小目标的学习任务，然后不断提高目标要求；每一节、每一单元、每一章、每一册书学完后要总结等。

此外，班主任老师还告诉我，学习时要注意劳逸结合、有张有弛，保证饮食和睡眠，这些都是搞好学习的重要保证。

在班主任老师的帮助下，我接下来的学习果然轻松多了，也有效率多了，成绩也慢慢上来了。

成老师心语

　　孩子厌学常常是因为学习压力过大、缺乏学习兴趣、缺乏有效的方法等，以致孩子难以在学习上体验到乐趣和成就感。

　　要克服孩子厌学的情况，父母就要避免以上这些因素，不要给孩子过大的压力、过高的要求，而是要设法培养孩子的学习兴趣，帮助他找到科学的学习方法，使他体验到学习的乐趣和成就感。

孩子撒谎问清原因再教育

孩子撒谎是有原因的，如有的孩子做错事怕受惩罚，有的孩子因为某种需求得不到满足，或者因为无法区分真实和想象，或者因为虚荣怕被瞧不起等，从而说出违背事实的话。

丁丁是桐桐的好朋友，和桐桐是同班同学，他非常调皮，始终让父母很操心。丁丁小学一年级刚上了半年多，他妈妈就被老师请到学校去至少三次。

一天下午，我去学校接桐桐，遇到丁丁妈妈也来接儿子。在等待孩子们放学的时候，我和丁丁妈妈有一句没一句地聊了起来。不一会儿，放学铃响了。不长工夫，丁丁和几个男孩子先跑了出来，丁丁妈妈迎了上去。

"今天在学校表现好不好？有没有干什么坏事？"看起来，丁丁妈妈急切地想了解儿子在学校的表现。

我听说，丁丁的调皮在班里是出了名的，爸爸妈妈为此没少打骂他。丁丁妈妈也说过，丁丁喜欢撒谎，这是让他们夫妻俩都很头疼的事情。

"我今天在学校里表现很好，没有干坏事，还干了好事呢。"我正朝校园里面张望，听到丁丁说。

"丁丁，你可别撒谎啊，你要是撒谎我就打你。"妈妈严肃地对儿子说。

"我没撒谎。"丁丁急忙辩解说。

"丁丁今天干坏事了，他揪前面女同学的小辫子来着。"跟随丁丁一起出来的一个男孩说，说完他就跑远了，大概是怕丁丁找他"算账"吧。

"你真的撒谎了？"

"我没撒谎，他撒谎。"丁丁指着跑远的同学说。

丁丁妈妈生气了，估计她也辨不清两个孩子谁真谁假了。我听到丁丁妈妈感叹说："唉，现在的孩子真难管啊。"

"你也别太计较，男孩子玩闹或闯点小祸也没什么。"我笑着劝慰丁丁妈妈说。

孩子撒谎常常是让父母犯愁的一件事，父母不了解孩子的真实情况，往往就不能对孩子采取有效的教育措施，还可能会采取错误的教育方式。

孩子撒谎是有原因的，如有的孩子做错事怕受惩罚，有的孩子因为某种需求得不到满足，或者因为无法区分真实和想象，或者因为虚荣怕被瞧不起等，从而说出违背事实的话。

父母首先要了解孩子撒谎的原因，然后才能采取适当的方式解决孩子撒谎的问题。

桐桐的好朋友雪莉是各方面都表现平平的孩子，如今她上了一年级，学习等方面仍然不是很突出。

一次，雪莉的妈妈跟我聊天时，讲到了一件让她惭愧的事情。

一天，雪莉放学回家，她手里拿着一支铅笔，对妈妈说："妈妈，这只铅笔是老师奖给我的。"

女儿上小学很久了，这是第一次得奖，妈妈很高兴地表扬了她，得到妈妈表扬的雪莉也很开心。妈妈接着问女儿："老师为什么奖励你啊？"

"因为我每天都认真听讲，并且积极回答问题。"雪莉回答说。

妈妈有点不相信女儿的话，因为女儿在课堂上不是个很活跃的孩子，妈妈也从未听老师说过女儿在课堂上积极回答问题。

第二天去送雪莉的时候，妈妈与老师谈起了这件事。这时，妈妈才知道女儿跟她撒了谎。这一次，妈妈没有因为女儿撒谎而批评她，而是开始自我反思：女儿为什么会撒这样的谎？她会不会因为得到的表扬太少了，想以这种方式得到表扬呢？

下午接雪莉回到家，妈妈与她耐心地谈了一次话。妈妈问她："你为什么跟妈妈撒谎说老师奖励你铅笔了呢？"

女儿没有说话，低着头。

"没关系，你告诉妈妈，妈妈不会批评你，也不会打你的。"妈妈耐心而平和地说。

见妈妈丝毫没有责怪自己的意思，雪莉最终说出了心里话："我希望老师表扬我，也希望妈妈表扬我。"

妈妈想，她的猜测果然没错。每个孩子都渴望大人的表扬和欣赏，而女儿在这方面得到的确实太少了。

一位读者的父亲在 QQ 上向我求助，说他十一岁的儿子涛涛现在撒谎成性，他不知道该如何解决这个问题。

儿子还因为撒谎而闯过一次祸，这让做父亲的非常恼火。

有一天，儿子和邻居男孩琪琪一起在楼下玩。傍晚，儿子回家了。回到家他就看起了电视。过了一会儿，琪琪妈妈来向涛涛询问儿子的下落，原来琪琪一直没有回家。

涛涛见爸爸就在旁边，就怯怯地回答说没看见琪琪。

听涛涛说没有看见自己的儿子，琪琪妈妈和爸爸以及他的亲戚朋友在整个市里找了个遍，最终也没有找到琪琪。

后来，在父亲的一再询问下，涛涛才跟爸爸说了实话，他把琪琪关在了小区一个角落的储物室里。

那时正是深冬，储物室已经废弃，里面冰冷黑暗。涛涛将琪琪塞进储物室后在外面用一根铁丝挂住了门鼻。

等家人找到琪琪时，他已经冻得说不出话来了。琪琪的爸爸妈妈给他又是搓又是焐，好久，琪琪才缓过劲儿来。

"当时儿子回答琪琪妈妈的问话时，我就应想到儿子是不是在撒谎。这孩子要是不撒谎，琪琪那孩子也不至于冻坏啊。"涛涛父亲愧疚地说。

"我知道这件事后，将那小子狠狠地揍了一顿。他撒谎不是一回两回了，可就是改不了撒谎的毛病。"

"以前儿子做错事，你是不是经常打骂他？"我问。

"是啊，这小子太不听话了，打他是让他长记性。"涛涛父亲回答说。

"他怕你打吗？"

"看起来很怕，不打怕了他，不起作用啊。"

我找到了问题的症结，涛涛这孩子估计是怕自己闯祸遭父亲打才撒谎的。"恕我直言，你儿子撒谎是你经常打骂他造成的，要改变儿子撒谎的毛病，你必须改变你的教育方式，那就是孩子犯错不要再打骂他。"我飞快地输入了这样一行字。

电脑另一头沉默了。

成老师心语

孩子撒谎，可能是父母的教育方式出了问题。"子不教，父之过"，这句话的确是真言。就像涛涛的例子，他撒谎是因为他做了错事，怕爸爸批评、打骂他。

所以，遇到孩子撒谎，父母首先要做的，不是指责批评孩子，而是先要反思自己，要努力改善自己不当的教育方式，对孩子的心理需求给予满足。孩子犯错后不要随意打骂和惩罚，而要学会理解和包容，并对其进行正确的引导。

关注加表扬，消除孩子的自卑心理

对于自卑的孩子，每一个进步，父母都应该给予关注，并及时鼓励、表扬；孩子所犯的错误和存在的不足，则要学会宽容。运用这些正确方式教育孩子，他才能充满自信地成长。

"六一"儿童节，桐桐观看电视上同龄孩子表演节目时，我和妻子为了让女儿高兴，也陪着她一起观看。

看着看着，桐桐摸摸自己的脸，站起身去照镜子。我和妻子好奇地看着她，不知道女儿为什么突然有此举止。正在纳闷，桐桐走回来，满面愁容地问："爸爸、妈妈，你们瞧我是不是很难看？"

"谁说我女儿难看了？桐桐很漂亮啊！"妻子答。

"没人说过我漂亮。我刚才看电视，发现那些小朋友个个能歌善舞，而且长得都很漂亮，忽然感觉自己有些丑。"桐桐一边说，一边挪到我们身边，指着电视接着说，"你们看，她们都比我长得好看吧？"

听了女儿的话，妻子把她抱在怀里说："一个人的外表，生来注定，不管美丑，都不能让它影响心情。再说，上电视的这些孩子，都是从无数孩子中挑选出来的，所以不要拿她们随便和自己比较。"

女儿听后点了点头，我抚摸了一下女儿的头，接着妻子的话说："在我和你妈妈的心中，桐桐永远都是我们最可爱的孩子，谁都比不了。"听到这里，桐桐咧开嘴笑了。

孩子有时候会因为自己长得比较黑、矮、丑等等产生自卑的心理，这时候，你要及时纠正孩子的认知，调整他的不良心理，让孩子知道外表是先天形成的，要坦然面对。

同时，父母还要让孩子认识到他在你们心中的重要位置，告诉孩子任何人都代替不了自己。让孩子明白了这些，孩子因为外表不佳或者身有残疾产生的自卑心理就有可能快速消除。

一天，我朋友赵亮打电话说："老成，你快来看看我儿子小刚吧。以前他成绩不好，但也爱说爱闹。现在可好，变得不爱说话了。"

听朋友这样说，我急忙抽空去看孩子。赵亮接待了我，并把儿子叫进客厅。我发现小刚耷拉着脑袋走了出来，抬头瞟了我一眼，又低下了头，走回了自己的小屋。

赵亮向我摊摊手说："这些天孩子老是这样，你看怎么办？"

"你是不是经常说一些打击孩子的话？"我想弄清楚孩子自卑的原因，就直接问朋友。

"唉！他成绩不好，又很调皮，我和他妈妈为此时常数落他，说他不争气，没出息。本来是想激励孩子，没有料到他变成了这个样子！"

我告诉赵亮，激励孩子要用科学方法，要看到孩子的进步，要对他多表扬，而不是打击孩子的自信。

他点点头，答应按我所说的去做，但愿小刚能从自卑中尽快解脱出来。

你为了激励孩子，往往抓住他的缺点不放，并经常说一些打击孩子的话，这样孩子很可能就会慢慢失去自信，变得自卑。

要想激励孩子，你就要先肯定孩子，让他觉得自己能行，孩子才会充满自信地去做，才能做得更好。

有一个前来向我咨询的孩子，他贪玩、调皮，成绩也不好。按照他妈妈的话说，孩子浑身上下都是缺点、毛病，她恨铁不成钢，经常把孩子骂得一无是处。结果孩子不仅没改掉缺点、毛病，还有些自卑。

无奈之下，她带孩子找到我，问我有什么好方法能改变他。

我把孩子的妈妈叫到一边，小声告诉她要学会欣赏孩子，多发现他的闪光点，并做到及时表扬，她点头同意。

然后，我们走了回来，我注意观察着男孩，并故意把一本书碰到孩子那边的地上，他弯腰捡了起来。我不失时机地夸奖说："孩子真懂事，没有什么问题，我相信他各方面都会做得很好。"

男孩听后，眼睛顿时亮了起来，我笑着冲他点了一下头，他也回了我一个微笑，母子俩高兴地回家了。我相信，受到我的夸赞，男孩肯定能走出自卑，变得自信。

成老师心语

孩子缺点再多，身上也会有优点存在，你要善于发现孩子的长处，避免眼光只盯着孩子的短处。

对于自卑的孩子，每一个进步，父母都应该给予关注，并及时鼓励、表扬；孩子所犯的错误和存在的不足，则要学会宽容。运用这些正确方式教育孩子，他才能充满自信地成长。

教孩子用分享代替自私

自私自利，斤斤计较，哪一方面都不想吃亏，有可能最终却吃了大亏。所以，你要教孩子学着与人分享，不计较个人得失，做个大度之人，这样孩子才会生活得更加开心。

一天下午，我去接桐桐，老远就看着她撅着小嘴从幼儿园出来。女儿怎么不高兴？发生了什么事情？我一边想着，一边迎了上去。

"爸爸，小燕太欺负人了，今天老师发食物，她看我的蛋糕大，非要我同她换。"还没等我开口，桐桐就说。

"你换了没有？"我问女儿。

"没换，蛋糕是老师发给我的，她拿走后，我又夺了过来。"桐桐理直气壮地回答。

"这样的事情经常发生吗？"我担心地问。

"嗯，小燕昨天还拿了小米的面包呢。我们都讨厌她，不愿意同她玩。"

小燕为什么会是这样一个自私的孩子呢？我沉思着。忽然想起前几天看到的她妈妈，我找到了答案。一个强势自私的妈妈，孩子受其影响，当然也会处处不吃亏。

孩子的行为，多受父母的影响，你平常十分强势，再教女儿也不要吃亏，这样看表面上孩子是处处占了上风，得了便宜，但却会受人冷落，遭到团体排挤，生活得不快乐。

你应该学会礼让，给孩子做出一个好榜样，这样孩子才会变得大方。

一天晚饭后，我准备带桐桐出去散步。她要吃苹果，我就洗了两个，都递给了她。

"爸爸，你吃一个，我吃一个。"桐桐把其中的一个苹果递给我说。

"你先拿着，爸爸现在还不想吃。"

"好，我给你拿着。不过在我吃完之前，你就得吃这个苹果，要不然，我看着你吃着急。"本来，我洗了两个苹果，就是都给她吃的，看桐桐想得如此远，我既觉得可笑，又能理解孩子的贪吃，就点了点头，同意她的提议。

这样，桐桐一边吃苹果，一边同我一起下楼。她几次要把另外一个苹果递给我，生怕等她吃完我再吃自己忍不住嘴馋。

正行走间，迎面碰到一对母女，女孩大概两三岁，看到桐桐吃苹果，停下了脚步，用眼盯着桐桐。

我对女儿说："桐桐，把另外一个苹果给小妹妹吃。"

"爸爸，这是给你的。"桐桐不愿意。

"我不吃了，给小妹妹吧。"

女儿看着手中的苹果，她想吃，迟疑着……

"孩子，走吧，小姐姐还得吃呢，一会儿妈妈给你买。"女孩妈妈尴尬地对女儿说，女孩却站在那里一动不动。

我拍了拍桐桐的肩膀，她会意，终于下定决心，快速地把那个苹果递了过去。

小女孩笑着接过苹果，女孩妈妈让她说声"谢谢"，她奶声奶气地说："谢谢小姐姐。"桐桐也笑了起来。

孩子爱吃，对拥有的东西不会轻易放手。虽然这属于自私的行为，但却是孩子的正常举止。你不能因此批评、指责孩子做得不对，而应该善加引导，教孩子学会与人共享，最好能让她体验到与人分享的快乐，这样才能够有效地克服孩子的自私行为。

一天，我的咨询室里走进一位脚步沉重的初二女生，她低着头对我说："成老师，我没有一个好朋友，很孤单，心里难受，也学不进去。"

"孩子，怎么会这样呢，说说原因？"

"我妈给我买了一本新出的资料书，她叮嘱我不要借给同学们看。我听从了她的话，结果同学们都说我自私，甚至见了我还有意躲避……"

"孩子，你觉得把自己的资料书拿出来，和同学们共同分享，受到他们的欢迎好，还是独自享用资料书，却被同学们漠视好？"

女孩毫不犹豫地说："肯定和同学们分享资料书好。"我笑着鼓励她："既然这样想，就去做，别管你妈怎么说。"

女孩抬头看到我坚定的眼神，使劲点了一下头，说了声"谢谢"，踏着轻快的步子离开了。

成老师心语

有时候，孩子本来有可能并不自私，但因为受你的不良教导，才不愿意与人分享。看表面你这样做好像是为孩子着想，结果却有可能让孩子失去更多。

自私自利，斤斤计较，哪一方面都不想吃亏，有可能最终却吃了大亏。所以，你要教孩子学着与人分享，不计较个人得失，做个大度之人，这样孩子才会生活得更加开心。

让孩子正确看待"面子"，拒绝虚荣

　　一般情况，有着虚荣心的孩子会用隐瞒、说谎、弄虚作假等手段来抬高自己，换得一时的称赞、荣誉，结果却有可能被困其中，难以脱身。

　　前段时间，我回老家，去了二姨妈家。二姨妈有一个儿子，比我大五岁，初中没读完就退学种地，很早结了婚，女儿现在都读初一了。

　　我和表哥有几年没见面了，他看见我十分热情，我也想知道他的情况，便很快聊了起来。

　　说着说着，谈到了孩子的话题，我问表哥："侄女现在学习怎么样？"表哥听了，沉重地叹了一口气说："唉！现在的孩子，真伤人心啊！"

　　"怎么，孩子不听话，还是成绩不好？"

　　表哥摇了摇头说："你说得这些，还不足以使我伤心。"他接着讲道：

　　"女儿今年升入初中，因学校离家远就寄宿。开学的时候，我提着被褥和吃的东西去送她，到了学校大门口，她却不让我进学校。

　　"我问女儿为什么，她看了看那些开着车送孩子上学的父母，又瞅了一下我身上的衣服，眼神中充满了复杂的神情。接着什么话都没说，自己拖着沉重的包裹向校门走去。

"看着她艰难向前挪动的背影，我的泪流了下来，明白了女儿不让我进学校的原因，担心我会丢她的面子。"

表哥说着，又心痛地流下了眼泪，我听了心里也不是滋味，暗自在心里感叹：虚荣心真害人啊。

孩子爱面子，怕被同学看不起，有可能因此隐匿出身，不愿意承认自己是农民的孩子。

这样做的结果，父母伤心，他心里也不会好受。因此，你应该尽早教孩子正确认识"面子"，告诉他出身寒门并不会被人看不起，孝敬父母才会被人敬重，避免孩子再出现类似伤害父母的言行举止。

一天，我去幼儿园接桐桐，看见她和几个同学站在校门口正说得起劲。我想听听他们说什么，所以暂时没有靠近。

"我爸新换了一辆轿车，二十多万呢。"一个小男孩说。

"那算什么，我家新买了一套房子，二百多万呢，下周就搬家。"一个小女孩听后不屑地讲。

……

听着这些孩子比着谁家更富有，而桐桐却一直都没作声，我以为她不受世俗影响，在心里赞叹她是好样的，就走向前，准备接她回去，顺便再夸赞她几句。

正在这时候，我听到桐桐大声说："我家新买了一辆赛车呢！"

"啊？赛车，真的呀！"孩子们都知道赛车很贵很贵，个个眼中流露出羡慕的神情。桐桐高昂着头，十分得意。

为了避免女儿丢面子，等孩子散开之后，我才走到桐桐面前。女儿看见我，高兴地跑上前一下子吊住了我的脖子。我把女儿抱在车上，小声地问："咱家什么时候买了赛车？"

桐桐听了，惊诧地看着我，旋即低下了头，脸变得通红。

"如果同学说要看看你家的赛车，你拿什么给他们看？还是说被人借走了，继续撒谎？"见桐桐不吭声，我继续说。

女儿的头耷拉得更低了，用很小的声音说："爸爸，我错了，以后我再也不和他们攀比了。"见桐桐认识到错误，我没再吭声，但依然担心虚荣心会影响孩子的健康心理。

孩子因为虚荣的原因，经常互相攀比，说一些夸大其词的话，甚至讲一些子虚乌有的东西，用谎言换取别人的羡慕，虽然会得意一时，但不得不用其他谎言继续圆谎。万一谎言被揭穿，还会被人唾弃。

你应教孩子把握与人攀比的尺度，告诉孩子说话做事要实事求是，让孩子做一个受人尊重的人。

上周一，一个小女孩走进了我的咨询室。她低着头说："成老师，我跟你说一件事，你不要笑话我。"

"你放心说吧，我不会笑话你的。"

女孩这才开了口，她说："我的成绩一直都比较好，老师多次夸奖我，还号召同学们向我学习呢。可是前一段时间，我生病了，荒废了学业，但为了保持住好成绩，考试时我作弊了，结果被老师发现，没收了考卷。现在，老师、同学都看不起我，呜呜……"

女孩说着，大哭了起来。

我拍着她的肩膀安慰她，给女孩讲诚实的重要性，告诉她要坦然接受这个结果，只要以后不再做弄虚作假的事情，努力学习，慢慢就会得到老师、同学的信任。

女孩认真地听着，说一定会按我所说的去做。

有着强烈虚荣心的孩子，十分害怕丢了面子，为此不惜作弊，结果得不偿失。

成老师心语

　　一般情况，有着虚荣心的孩子会用隐瞒、说谎、弄虚作假等手段来抬高自己，换得一时的称赞、荣誉，结果却有可能被困其中，难以脱身。

　　父母要让孩子知道虚荣的危害，使他正确地看待"面子"，引导孩子实事求是地做人，这样的孩子才能真正受人赞美。

孩子任性时要果断拒绝

首先，你要对孩子的无理要求坚决拒绝，并让他知道这种要求错在哪里；其次，你要扩大孩子的视野，提高他的认知；再次，多让孩子参加团体活动，学会主动约束不当举止。

前天，母亲把弟弟的孩子小林带到我家玩，她对我说小林现在有些任性，我还不大相信。

中午，饭做好摆在了桌上，一家人正准备吃饭，小林突然说要喝可乐，让奶奶出去买。

"现在是吃饭的时候，要想喝可乐，吃过饭咱再买。"我对小林说。

"不嘛，我现在就要喝！"小林说着，躺在地上哭着打起了滚。他奶奶看见了，心疼得不得了，蹲在地上，拉着小林的手说："乖孙子，别哭了，我们这就去买，好不好？"

"好！"小林破涕为笑，从地上一骨碌爬起来，拉着奶奶就往外走。我有心上前阻拦，又觉得不大好。

望着他俩走出去的身影，再看看一桌子马上就要凉的饭菜，我心里很不是滋味。

母亲疼孙子我能理解，但这样娇惯他却使不得。这时候，我不仅相信了小林任性的毛病，还清楚了他任性的原因。孩子一哭闹就答应他的无理要求，孩子能不任性吗？

现在的孩子，基本上都是独生子女，父母十分疼爱，尤其是孩子的爷爷奶奶，可能是隔辈亲的缘故，对孩子更是娇宠。孩子提出的无理要求，虽然知道不应该答应，但只要孩子一哭闹，担心伤了他幼小的身体，就满口应承，结果导致孩子越来越任性。

任性的孩子，为人处世以自我为中心，听不进别人的意见，很难与他人友好相处，最终会阻碍孩子的进步。

我知道孩子任性的这些不良后果，所以虽然我十分疼爱桐桐，但对她的不合理要求，不管她如何哭闹都不会答应。

有一次，我给桐桐买了一个新书包。到了学校后，她看到小燕的书包更漂亮，回家后要我也给她买个一样的。

我严词拒绝了女儿的这个无理要求，并告诉她这样做的理由。女儿不听，哭着说："你不给我买，我就不去上学了。"

妻子见女儿使出这招杀手锏，想妥协，劝我说："就给女儿买一个吧，她若是真为这事天天不去上学，也不是个办法啊。"

"有第一次，就会有第二次，绝对不给她买。"我下定决心说。

桐桐跟我较上了劲，妻子要送她上学，她不去。妻子没有强求，我也没有说什么。那天，我们把桐桐送到弟弟家，让她奶奶看着，下班后才把她接回家。

第二天，桐桐早早地就起床了，告诉妈妈说自己要去上学，不再提买书包的事。但她没提还没完，我要她承认自己的错误，并保证下次不能再有类似的行为，桐桐一一照办了。

我想，有了这次的教训，桐桐的任性应该有所收敛了吧。

如果你觉得孩子的要求不合理，明确拒绝他之后，不管孩子使用什么样的手段要挟，都一定要坚持到底。

当孩子觉得要求无望，主动和解时，还应抓住这个最佳时机，让孩子认识到自己的错误，防止他下次再犯类似的毛病。

孩子任性，给他一次教训或者转移他的注意力，虽然会起到一定的效果，但很难从根上清除这个毛病。真正要杜绝孩子任性的缺点，还需要从增加孩子的见识做起。

为此，我买回很多女儿喜欢的课外书籍，有时间就读给她听；我还经常带女儿出去参加一些集体活动，让她在游戏中懂得遵守规则、明辨是非，主动约束自己不当的行为，和别人友好相处。

同时，我若发现女儿有任性的苗头，开始提无理的要求，就用暗示的方法，夸赞她是个明事理的孩子，这样孩子再坚持，就有些不好意思，从而放弃自己的想法。

不仅如此，我还注意甄别孩子不同的任性。对于有益的任性，比如孩子喜欢葫芦丝，坚持要学，我会支持；而如果孩子要那些没必要的东西，我绝对不会答应。

这样久而久之，女儿任性的毛病得到了有效地克服。

成老师心语

孩子任性，虽然后果严重，但如果运用科学方法，能够有效纠正，具体方法如下：

首先，你对孩子的无理要求要坚决拒绝，并让他知道这种要求错在哪里；其次，你要想办法扩大他的视野，提高他的认知；再次，多让孩子参加团体活动，学会主动约束自己的不当举止。